# JEFF BEZOS
## Os negócios do empreendedor que revolucionou o comércio mundial

EDUARDO INFANTE

# JEFF BEZOS
## Os negócios do empreendedor que revolucionou o comércio mundial

1ª Edição
2023

São Paulo-SP
Brasil

*Copyright © 2023 do Autor*

Todos os direitos desta edição reservados à
Prata Editora (Prata Editora e Distribuidora Ltda.)

*Editor-chefe:* Eduardo Infante
*Projeto gráfico de miolo e capa:* Julio Portellada
*Diagramação:* Estúdio Kenosis
*Revisão de texto:* Flávia Cristina Araujo

```
           Dados Internacionais de Catalogação na Publicação (CIP)
                  (Câmara Brasileira do Livro, SP, Brasil)

        Infante, Eduardo,
           Jeff Bezos : os negócios do empreendedor que
        revolucionou o comércio mundial / Eduardo
        Infante. -- 1. ed. -- São Paulo, SP : Prata
        Editora, 2023.

           ISBN 978-65-86262-07-0

           1. Biografia 2. Comércio eletrônico
        3. Empreendedorismo 4. Gestão de negócios 5. Bezos,
        Jeff, 1964-  I. Título.

        23-148705                                       CDD-926.6
```

Índices para catálogo sistemático:

1. Empresários : Biografia     926.6

**Prata Editora e Distribuidora**
www.prataeditora.com.br
facebook/prata editora

Todos os direitos reservados a autora, de acordo com a legislação em vigor. Proibida a reprodução total ou parcial desta obra, por qualquer meio de reprodução ou cópia, falada, escrita ou eletrônica, inclusive transformação em apostila, textos comerciais, publicação em websites etc., sem a autorização expressa e por escrito do autor. Os infratores estarão sujeitos às penalidades previstas na lei.

Impresso no Brasil/*Printed in Brasil*

*Agradeço a Deus por ter me dado uma segunda chance na vida,
com muito amor, família e tranquilidade.
Essas são as maiores bênçãos que eu poderia ter recebido.*

# Sumário

Introdução. . . . . . . . . . . . . . . . . . . . . . . . . . . . . . . . . . . . . . . . 9
Capítulo 1 – Infância e formação acadêmica. . . . . . . . . . . . . . . . 11
Capítulo 2 – Início da vida profissional . . . . . . . . . . . . . . . . . 17
Capítulo 3 – Amazon. . . . . . . . . . . . . . . . . . . . . . . . . . . . . .21
Capítulo 4 – Amazon Prime . . . . . . . . . . . . . . . . . . . . . . . .31
Capítulo 5 – Como funciona a Amazon . . . . . . . . . . . . . . . . .37
    Como funcionam os centros de distribuição da Amazon. . . . . .43
    Entrega de mercadorias realizada por drones . . . . . . . . . . . .48
    Como funciona a entrega com drones? . . . . . . . . . . . . . . .51
Capítulo 6 – Amazon Air – companhia aérea de carga . . . . . . . . . .55
Capítulo 7 – Blue Origin e a nova corrida espacial . . . . . . . . . .61
    A nova corrida espacial . . . . . . . . . . . . . . . . . . . . . . . .64
    A maior jogada publicitária da Blue Origin. . . . . . . . . . . . .66
    As espaçonaves da Blue Origin . . . . . . . . . . . . . . . . . . .68
    Orbital Reef – estação espacial orbital . . . . . . . . . . . . . . .70
Capítulo 8 – As inovações da Amazon – Kindle e Alexa . . . . . . . .73
    Kindle . . . . . . . . . . . . . . . . . . . . . . . . . . . . . . . . . .74
    Alexa . . . . . . . . . . . . . . . . . . . . . . . . . . . . . . . . . . .77
Capítulo 9 – Amazon Prime Video e Amazon Studios –
        a Amazon no mercado de streaming, filmes e séries . . . . 81
    Amazon Studios . . . . . . . . . . . . . . . . . . . . . . . . . . . . 83

Capítulo 10 – *The Washington Post* – investindo na mídia . . . . . . . . . .85

Capítulo 11 – Amazon Web Services – *Cloud Computing* e TI . . . . . . .93

Capítulo 12 – Como a Amazon está presente na sua vida . . . . . . . . . 101

Capítulo 13 – O grande investidor . . . . . . . . . . . . . . . . . . . . . . . 107

Capítulo 14 – O império de Jeff Bezos . . . . . . . . . . . . . . . . . . . . 113

Capítulo 15 – Como Jeff Bezos administra seus negócios . . . . . . . . . 119

Bibliografia e referências . . . . . . . . . . . . . . . . . . . . . . . . . . . . 127

# Introdução

Poucos empreendedores no mundo moderno conseguiram realizar feitos tão impressionantemente superlativos quanto os de Jeff Bezos.

E isso passa longe de ser um exagero. Para começar, Bezos entrou para o minúsculo e seleto grupo de seres humanos que um dia puderam dizer "eu sou o homem mais rico do mundo".

Ainda que muitos outros antes dele, décadas e séculos atrás, possam ter dito a mesma coisa, pouquíssimos acabaram mudando o mundo de alguma forma, deixando tamanho legado.

Até os dias de hoje, a maior e mais importante contribuição de Bezos para o mundo moderno foi a criação de sua empresa de comércio eletrônico, a Amazon. Com a Amazon, Bezos literalmente mudou o rosto e o corpo do comércio mundial. Claro, não foi ele o inventor do e-commerce, mas ele é o grande responsável por ter tornado o comércio eletrônico mundial tão atrativo e, consequentemente, lucrativo. Sua empresa é a maior do setor, infinitamente maior do que qualquer outra empresa concorrente. Mas ele não parou nisso.

Como se não bastasse para uma vida se tornar o homem mais rico do mundo e ser dono da maior empresa de um segmento bilionário, Jeff Bezos já mostrou que é um "empreendedor serial". Dentro da própria Amazon, Bezos se aventurou em um mundo até então muito novo: o dos livros digitais. Com a criação e comercialização do Kindle, o leitor de e-books

INTRODUÇÃO

mais famoso do mundo, Bezos se propôs a difundir o hábito da leitura de livros eletrônicos, tornando-se tanto o maior fabricante de aparelhos dedicados à leitura de e-books, quanto o maior vendedor de livros eletrônicos do mundo. Tudo para Bezos acaba sendo superlativo! Ele não só é um empreendedor serial, mas também um empreendedor focado sempre em se tornar o maior do mundo em todos os segmentos em que se aventura.

E a sede de Jeff Bezos por novos negócios não para por aí. Ela passa por empresas de vários setores, desde análise de dados e robótica à saúde e serviços de streaming, entre muitos outros empreendimentos, e com investimentos notáveis em ações de gigantes como o Google, Uber, Twitter e Airbnb.

Atualmente, a "menina dos olhos" de Bezos é a sua empresa de negócios aeroespaciais, a Blue Origin. Ele está totalmente focado em transformá-la na maior do setor. Para começar, está investindo no chamado turismo espacial, mas visando também a prestação de serviços para a NASA, a agência espacial americana, que já vem terceirizando a maior parte de suas necessidades, especialmente com a SpaceX, de Elon Musk. Mas Bezos está obstinado, entrando nessa concorrência com gana de vitória! Diante disso, se algum dia houve uma amizade com Musk, há tempos ela se transformou em uma disputa acirrada, e hoje eles são concorrentes vorazes pelo lucrativo mercado aeroespacial.

Mesmo considerando a grandeza de suas principais criações, como a Amazon ou a Blue Origin, Jeff Bezos é um empresário muito maior do que a sua fortuna. Ele é um empreendedor brilhante e visionário, um investidor com "faro" aguçado para bons negócios e tem muito a nos ensinar, para que possamos empreender em nossos próprios negócios, na vida profissional e mesmo na vida pessoal.

Este livro faz uma análise descritiva dos empreendimentos de Jeff Bezos e de sua forma peculiar de administrar, além de mostrar como funciona sua visão de negócios e seus planos para o futuro. Bezos ainda é jovem o suficiente para criar e inovar muito, nos anos e décadas que estão por vir.

# 1

# Infância e formação acadêmica

Jeffrey Preston Jorgensen, que mais tarde teria seu sobrenome mudado para Bezos, nasceu nos Estados Unidos, na cidade de Albuquerque, no estado do Novo México, em 12 de janeiro de 1964, filho de Ted Jorgensen e Jacklyn Gise Jorgensen.

Jacklyn, mãe de Jeff, era uma adolescente de dezessete anos quando deu à luz. Ela ainda cursava o ensino médio, assim como seu pai. Ted era descendente de dinamarqueses, nascido na cidade de Chicago e membro da Igreja Batista. Mas o casamento não durou muito mais do que um ano.

Em 1968, quando Jeffrey tinha apenas quatro anos de idade, Jacklyn se casou pela segunda vez, com um imigrante cubano chamado Miguel "Mike" Bezos. Mike fugiu da ditadura de Fidel Castro quando tinha apenas quinze anos de idade e não falava inglês quando chegou aos Estados Unidos. Seu empenho nos estudos o levou a formar-se no curso de Engenharia de Petróleo.

Após o casamento com Jacklyn, Mike adotou legalmente Jeff, que teve seu sobrenome mudado para Bezos, nome que se tornaria famoso em todo o mundo. Desde então, Jeff passou a reconhecer Mike como seu único e verdadeiro pai, desenvolvendo com ele um relacionamento estreito. Em algumas ocasiões, Jeff chegou a mencionar que não costumava sequer se lembrar da existência de um pai biológico e que essa lembrança acontecia apenas quando ele ia a um médico, e precisava fornecer informações sobre o histórico familiar.

Como era ainda muito pequeno quando aconteceu a separação de seus pais, Jeff não ficou com nenhuma lembrança de seu pai biológico. Em uma entrevista, Ted expressou a vontade de rever Jeff, deixando claro que não pretendia obter nenhuma vantagem financeira de seu filho bilionário. Entretanto, este encontro nunca ocorreu, e Ted veio a falecer em 2015. Na verdade, somente em 2012 Ted Jorgensen soube que o filho que abandonou ainda criança havia se tornado o fundador bilionário da Amazon.

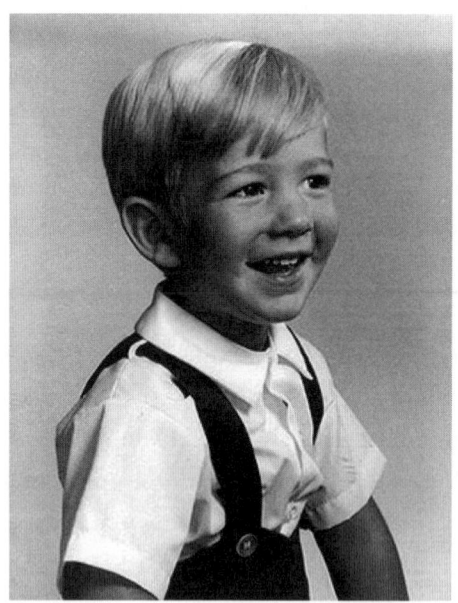

Após o casamento de sua mãe, Jeff mudou-se com a família para a cidade de Huston, no estado do Texas. Lá, Mike Bezos, que era engenheiro, foi trabalhar na companhia de petróleo Exxon. Nessa época, Jeff, ainda bem pequeno, começou a passar as férias de verão na fazenda de seu avô materno, que ficava na cidade de Cotulla, no sul do Texas. Desde então, todo ano, até completar seus 16 anos de idade, Jeff passava 3 meses na fazenda de seu avô, onde ajudava a cuidar do gado e a consertar todo tipo de coisas, além de fazer "experimentos" básicos com aparelhos eletrônicos. Coisas corriqueiras para um menino, mas que, no caso de Jeff Bezos, foi o prenúncio para uma mente inquieta, que dedicou a vida ao empreendedorismo.

De fato, a convivência com o avô marcou muito a vida de Jeff Bezos. Em várias entrevistas, ele falou sobre a importância do que aprendeu naquela época. Seu avô o impressionava, porque aceitava tarefas e projetos que sequer tinha ideia de como iria realizar, mas sempre "corria atrás" e procurava aprender um meio de executar o que tivesse se proposto a fazer. Segundo Bezos, seu avô fazia tudo sozinho, o que sabia fazer, fazia, o que não sabia fazer, dava um jeito de aprender! E esse exemplo acabou sendo uma lição de vida das mais importantes para Jeff.

Em Huston, por influência de seu pai adotivo, Jeff começou a demostrar interesse por áreas relacionadas a ciências e tecnologia. Pouco mais de dois anos depois, a família Bezos se mudou para Miami, na Flórida. Lá, Jeff cursou o ensino médio e começou a mostrar que seu interesse pela área de ciência e tecnologia era uma vocação. Passou a utilizar a garagem da casa da família como um espaço para experimentos científicos variados, mas seu interesse por tecnologia e informática já estava consolidado. Jeff dividia o "laboratório" na garagem com seus irmãos e, mais tarde, em uma entrevista, definiu aquele espaço como uma verdadeira "feira de ciências".

Na garagem de casa, Bezos tentava realizar o seu sonho de infância: ser um inventor. Como ele mesmo diz, nessa época ele era um "inventor de garagem", algo que praticamente faz parte da cultura americana, uma vez que muitos grandes inventores e empreendedores desenvolveram ideias incríveis que mais tarde se mostrariam bastante lucrativas. Jeff inventava todo tipo de coisa. Criou, entre muitos experimentos, um aparelho automático para fechar portões, pneus preenchidos com cimento e um aparelho solar para cozinhar (que não funcionou muito bem!), feito com um guarda-chuva e folhas de alumínio.

Ele foi um ótimo aluno no ensino médio, estudava com afinco e tirava notas altas. Segundo ele mesmo declarou, era um "nerd" e considerado brilhante por seus professores.

> Jeff Bezos foi admitido em Princeton, uma das universidades que compõe a 'nata' acadêmica dos Estados Unidos.

Ainda no ensino médio, frequentou o Programa de Treinamento de Ciências da Universidade da Flórida, chegando a ser premiado por mérito no curso. Durante a adolescência, chegou a trabalhar em uma lanchonete da rede McDonald's.

Sua "veia empreendedora" começou a se revelar quando ele montou um curso de verão para crianças, que chamou de "Dream Institute". Com essa iniciativa, Bezos incentivava a leitura para alunos do Elementary School (correspondente ao Ensino Fundamental, no Brasil), que conta com crianças de até 12 anos, cursando do primeiro ao sexto ano escolar.

Bezos foi o orador na formatura de sua turma no High School (Ensino Médio). Em seu discurso, mencionou uma grande preocupação com o destino da humanidade e que acreditava que a colonização de outros planetas poderia ser o caminho para a preservação da Terra.

Aluno de destaque, Jeff Bezos foi admitido em Princeton, uma das universidades que compõem a "nata" acadêmica dos Estados Unidos, a Ivy League, um grupo composto de oito universidades consideradas as melhores do país e que estão entre as melhores do mundo: Harvard, Columbia, Brown, Cornell, Yale, Princeton, Dartmouth e Universidade da Pensilvânia.

Jeff queria estudar Física e considerava Princeton a universidade perfeita para o curso. Mas, pouco tempo depois, ele percebeu que física não era o que ele realmente queria e decidiu mudar para os cursos de Engenharia Elétrica e Ciência da Computação, seguindo os passos de seu pai adotivo.

Durante sua passagem por Princeton, Bezos foi um aluno brilhante, com notas altas e engajamento em diversas atividades extracurriculares, chegando a presidente do diretório acadêmico. Ele formou-se na universidade em 1986, seguindo o mesmo padrão de seu histórico escolar até então, entre os alunos de maior destaque. Nesse mesmo ano, iniciou o caminho profissional que o levou a Wall Street, o centro financeiro dos Estados Unidos. Depois de tantos anos de estudo dedicado, na escola e na universidade, havia chegado a hora de transformar todo o seu potencial em resultados reais. Era o começo de uma trajetória meteórica que o levaria à conquista de sucesso e fortuna.

# 2

# Início da vida profissional

Podemos dizer que a vida profissional de Jeff Bezos começou, realmente, quando ele ainda cursava o ensino médio e foi trabalhar em uma lanchonete da rede McDonald's, onde foi cozinheiro, aos 16 anos de idade. Seu salário inicial era de US$2,69 por hora trabalhada.

Esse emprego foi muito importante na formação de sua mente de negócios, pois ensinou a ele a importância e as bases de um bom atendimento aos clientes (mesmo que esse não tenha sido seu trabalho na lanchonete). No McDonald's, ele se interessou pelo processo de automação da produção e com a função que exercia, aprendeu a importância de se manter focado em uma tarefa específica.

Perguntado se ele se sentia mal fazendo uma tarefa pouco importante para as suas aspirações, Jeff disse que não encarava seu trabalho de maneira ruim, pois via aquilo como algo que tinha a ver com o futuro e não com o presente. Era um aprendizado do qual ela tiraria lições importantes.

Depois disso, ainda no ensino médio, teve sua primeira experiência empreendedora, pois criou e viabilizou um acampamento de verão para adolescentes, que batizou de Dream Institute. Mas foi depois que terminou seu curso universitário que sua vida profissional realmente começou.

Depois de se formar em Princeton, Bezos foi para a cidade de Nova York para trabalhar no maior centro financeiro dos Estados Unidos, a famosa Wall Street, onde ocupou cargos ligados ao ramo de tecnologia e investimentos voltados para a Internet. Essa não deve ter sido uma escolha fácil para o jovem recém-formado, pois ele recebeu e rejeitou diversas propostas de trabalho, inclusive de grandes empresas da área de tecnologia, como a Intel e a Nokia, e outras de consultoria de negócios, como a Anderson Consulting e a Accenture.

Sua primeira opção, ainda em 1986, foi a *startup* Fitel, uma *fintech* que atuava em telecomunicações e comércio internacional. O termo, que surgiu das palavras *financial* e *technology*, refere-se a empresas da área financeira com propostas inovadoras ligadas à tecnologia. Como era de se esperar, ele se destacou na empresa e em pouco tempo foi promovido a diretor, atuando na área de atendimento a clientes.

Em 1988, Jeff Bezos deixou a Fitel e entrou no mercado financeiro, atuando na Bankers Trust, sólida e centenária instituição financeira americana. Ele liderou o desenvolvimento do sistema de informática do banco, responsável por administrar ativos que chegavam a mais de 200 milhões de dólares. Mais uma vez, seu desempenho fez com que se destacasse, e em 1990, Bezos tornou-se o mais jovem vice-presidente da instituição, com apenas 26 anos de idade.

Em 1990, Jeff Bezos deixou a Bankers Trust para trabalhar na D. E. Shaw & Co., empresa que administrava *hedge founds* (fundos de investimentos). Ali permaneceu até se tornar, aos 30 anos de idade, o vice-presidente senior. Desta forma, em um curto espaço de tempo, ele se consolidou em Wall Street como um executivo de alto nível.

Em sua passagem pela D. E. Shaw, atuando diretamente com fundos de investimento, Bezos aprofundou seus conhecimentos e fez inúmeros contatos com pessoas interessadas em investir em empresas de Internet, ainda no início da expansão da rede mundial, quando a promessa de retorno astronômico para os investimentos no setor mostrava-se cada vez maior. A expectativa que a Internet causava naquela época é indescritível. Era quase uma "corrida pelo ouro", como havia acontecido no velho oeste americano, mais de um século antes. Todos queriam ser os pioneiros em todas as áreas possíveis dentro da rede mundial. Era um universo de oportunidades esperando para ser abraçado por quem tivesse a coragem de tentar. Milionários da Internet nasciam todos os dias, apenas por criarem uma ideia que pudesse gerar dinheiro na rede. Essas ideias recebiam aportes exorbitantes e possibilitaram a muitos o enriquecimento da noite para o dia.

Em meados da década de 1990, a Internet crescia a um ritmo ainda lento, mas Bezos, assim como todos que tinham contato com esse novo universo virtual, sabia que em pouco tempo a rede passaria a crescer de maneira exponencial.

Assim, trabalhando em Wall Street, Bezos aprendeu muito sobre as oportunidades que existiam no mundo virtual e começou a avaliar suas próprias possibilidades de criar algo com um futuro promissor na rede. Foi então que surgiu a ideia de uma livraria virtual, algo muito novo naquele momento.

Em 1994, Bezos deixou a D. E. Shaw & Co., para desenvolver o plano de negócios da empresa que se tornaria a maior gigante do e-commerce mundial, a Amazon.

"
Com apenas
26 anos de idade,
Jeff Bezos se tornou o mais
jovem vice-presidente
de uma empresa
em Wall Street
"

# 3

## Amazon

Mesmo antes de fundar a Amazon, Bezos já sabia que iria empreender na Internet. Ele ficou extremamente impressionado quando soube que a previsão de crescimento da rede mundial chegaria a 2.300% ao ano, e por ter conhecimento e veia de empreendedor, decidiu criar algum negócio na rede. Após essa decisão, ele sabia que teria que criar um *business plan* (plano de negócios) que fizesse sentido para um cenário com uma perspectiva de crescimento tão alta como a da Internet.

Ele decidiu que o seu negócio on-line seria uma loja que poderia vender qualquer tipo de produto e, tendo isso em vista, resolveu que vender livros poderia funcionar muito bem. Bezos tomou essa decisão especialmente pelo fato de que existem mais itens na categoria "livros" do que em qualquer outra categoria de produto, "a demanda é alta e o preço é baixo", segundo Jeff declarou em várias entrevistas. E por ser um produto com preços médios baixos, livros eram uma ótima porta de entrada para pessoas que estavam começando a comprar pela Internet e ainda tinham receio em efetivar compras on-line. Além disso, um outro fator importante é que por serem pequenos, livros são fáceis de enviar para os clientes, pois o frete não impacta tanto na venda.

Porém, antes de decidir que a Amazon seria uma livraria on-line, Bezos identificou cinco categorias de produtos que poderiam ser interessantes para serem comercializadas pela Internet: computadores, softwares, CDs, fitas de vídeo (sim, as antigas fitas VHS) e livros. Claro, ele optou pela venda de livros, pelos motivos já mencionados e dali para a frente, Bezos criou o seu *case* de sucesso!

Por trabalhar em Wall Street e ter acesso a todo tipo de informação referente às oportunidades para quem estava empreendendo na rede e especialmente devido à facilidade para conseguir investidores grandes para negócios ainda pequenos, Bezos não teve mais dúvidas.

Nessa época, a Internet era como um vasto continente inexplorado, que tinha muitas riquezas para serem conquistadas. A rede de conexões globais era uma novidade, uma porta para um mundo completamente novo e inexplorado. As possibilidades eram infinitas e nada ainda havia sido feito. Era um verdadeiro oceano de oportunidades, de aprendizado, diversão e negócios. A Internet era algo que havia chegado para mudar a vida e os hábitos da humanidade.

Investidores "derramavam" milhões de dólares em empresas que nem sequer tinham um bom plano de negócios. Bezos levou isso em consideração e sabia o que precisava ser feito para ter uma operação on-line muito atrativa para investidores, e que tivesse um potencial sólido para crescer exponencialmente, no ritmo de crescimento da própria Internet.

Enquanto fazia uma viagem de carro de Nova York para Seattle, onde fundaria sua loja virtual de livros, Bezos começou a criar o *business plan* da empresa que se tornaria a Amazon. Em 1994, mais especificamente no dia 5 de julho, ele fundou sua empresa de e-commerce, que ainda não tinha o nome "Amazon" e que também não era uma empresa de varejo diversificado. Era uma livraria on-line, denominada inicialmente de Cadabra. Mas Bezos não ficou totalmente satisfeito com o nome da empresa e em apenas três meses decidiu mudá-lo.

O nome Amazon foi escolhido pela relação que Jeff Bezos queria colocar entre a sua empresa e o maior rio do mundo. Naquele momento, o e-commerce de Bezos era uma livraria virtual e, assim como o rio sul-americano, ele queria que a sua Amazon se tornasse a maior livraria on-line do mundo. Entretanto, Bezos já planejava transformá-la em uma grande empresa varejista on-line que vendesse praticamente todos os tipos de produtos. Outra vantagem do nome Amazon era a palavra começar com a letra "A", pois os sites, naquela época, eram mais facilmente localizáveis por ordem alfabética. Lembrando que em 1994 ainda não existiam os grandes sites de busca, como o Google, que foi fundado apenas em 1998.

O investimento inicial necessário para abrir o negócio foi de 300 mil dólares, capital que Bezos conseguiu com seus pais. Ele sabia que era um investimento de alto risco e que as chances de falência a curto prazo eram grandes, mas, por outro lado, ele sabia como conduzir a empresa, conhecia os caminhos para torná-la viável e altamente lucrativa.

Jeff Bezos sabia que, para conseguir passar para a fase seguinte do negócio, precisaria de investidores que acreditassem no potencial da Amazon e que estivessem dispostos a investir pesado e com a promessa de que, se tudo desse muito certo, apenas depois de vários anos poderiam obter o retorno esperado sobre o investimento feito. Ainda assim, ele avisava a seus investidores que havia uma chance de 17% de que a Amazon não conseguisse se "manter de pé" e tivesse que fechar as portas em algum momento.

O início foi difícil, como na maioria dos novos empreendimentos. Jeff levava pessoalmente os livros para serem despachados no correio. Faltavam equipamentos básicos, mas Jeff começou trabalhando e fazendo o melhor possível, dentro das suas possibilidades. No início eram apenas 10 pessoas trabalhando na Amazon, incluindo Bezos.

A logística era precária, sendo que os livros eram empacotados no chão, pois não havia mesas suficientes. No primeiro ano, a então esposa de Jeff, Mackenzie Scott, cuidava da parte financeira e contábil da empresa, mesmo sem ter qualquer experiência na área. Mas, apesar da inexperiência de Bezos e de toda sua equipe, as vendas "decolaram" de maneira surpreendente. Era menos do que Bezos esperava quando criou seu *business plan*, porém mais do que seria de se esperar com uma estrutura tão pequena e inexperiente.

No primeiro mês de funcionamento da Amazon, Jeff ficou impressionado com os resultados. Segundo ele, a empresa recebeu pedidos de todos os 50 estados dos Estados Unidos e, além disso, pedidos de 45 países.

O que chamou muito a atenção sobre o crescimento inicial da Amazon foi que, no primeiro ano, Jeff Bezos não gastou um centavo sequer em publicidade! Todas as vendas vinham da propaganda "boca a boca" e da exposição na mídia que a empresa e Bezos conseguiam. O crescimento das vendas foi rápido e em 1994, ano da criação da Amazon, o faturamento alcançou 80 mil dólares por mês, o que era uma realização espantosa para uma empresa recém-formada.

Para Jeff, o principal aspecto responsável pelo sucesso da empresa foi um foco "obsessivo" no cliente em vez de focar no que a concorrência fazia e tentar fazer melhor. Bezos entendia que, naquele momento e dali em diante, o foco deveria ser a qualidade do atendimento ao cliente.

Esse sucesso inicial da Amazon permitiu que Bezos conseguisse um aporte de 1 milhão de dólares, proveniente de 22 "pequenos" investidores que passaram a possuir, juntos, 20% da empresa.

Mesmo com as vendas crescendo menos do que o esperado, a Amazon teve seu capital aberto apenas três anos após sua fundação, em 1997, quando foi feito o IPO (Initial Public Offering) e a empresa colocou ações à venda na Nasdaq, a bolsa de valores de empresas de tecnologia dos Estados Unidos.

Naquele ano, 35% dos lares americanos já contavam com pelo menos um computador. O aumento dessa porcentagem significava um maior número de consumidores on-line e, consequentemente, um mercado maior para todos que vendiam na Internet, incluindo a própria Amazon. Para se ter uma ideia, em 1990, o percentual de computadores em lares americanos era de apenas 15%.

As ações começaram sendo negociadas por 18 dólares e terminaram o dia valendo 23,5 dólares. No dia do IPO, a empresa conseguiu levantar 54 milhões de dólares, fazendo com que a Amazon passasse a ter um valor de mercado de 560 milhões de dólares. Nesse momento, Jeff Bezos tornou-se oficialmente um milionário e não muito tempo depois, passou a figurar na lista de bilionários americanos.

O IPO da Amazon foi um sucesso e, com isso, ficou provado que a expectativa do mercado era mesmo de que a empresa iria começar a faturar muito alto e seria um sucesso duradouro.

Por um tempo, mesmo antes do IPO, Bezos foi duramente criticado por parte do mercado, que dizia que a empresa estava apenas "comendo" o dinheiro dos acionistas e investidores e que acabaria falindo. Bezos se manteve firme na convicção de que o crescimento exponencial previsto para acontecer na Internet em todo mundo alavancaria as vendas da Amazon na mesma proporção ou até mais. Ele já previa que, apenas como livraria, em pouco tempo a Amazon estaria vendendo mais livros do que as grandes redes de livrarias dos Estados Unidos, que são as maiores do mundo.

Jeff Bezos se deu conta de que a logística que havia criado para vender livros poderia, na prática, vender qualquer coisa. Com isso, em 1998, começou a por em prática o seu projeto de diversificar a linha de produtos da Amazon. De início, a empresa começou a colocar à venda CDs e DVDs e, logo depois, começou a diversificar a sua linha de produtos, oferecendo eletrônicos, brinquedos, artigos para casa e muito mais. A ideia de Bezos era transformar a Amazon em uma verdadeira "loja de tudo", que inclusive passou a ser o slogan da empresa, "The Everything Store"! Bezos queria suprir os consumidores em geral com todo o tipo de produto, ou seja, a ideia era ter um pouco de tudo disponível.

Essa diversificação de produtos, com itens de valor agregado maior do que o de livros, fez com que a receita da Amazon crescesse vertiginosamente em pouquíssimo tempo, chegando literalmente ao faturamento de 1 bilhão de dólares, consolidando a Amazon como uma das gigantes da rede mundial.

Com esse crescimento, as ações da Amazon também dispararam na bolsa, fazendo com que a fortuna de Jeff Bezos atingisse um patamar incrível. Lembrando que, em 1997, Jeff Bezos se tornou oficialmente um milionário e apenas dois anos depois, em 1999, ele passou a figurar na lista da revista *Forbes* com uma fortuna de mais de 10 bilhões de dólares. Ou seja, em apenas dois anos, Bezos se tornou bilionário. Isso mostra o tamanho do crescimento que a Amazon teve em um curto espaço de tempo e o impacto desse crescimento na empresa e na vida pessoal de Jeff Bezos.

Mesmo depois de diversificar a oferta para milhares de produtos, os livros continuaram, e continuam até hoje, como um dos principais produtos de vendas da empresa. Livros funcionam muito bem como produtos de entrada para consumidores ainda não acostumados a compras on-line. Mas a adaptação do processo logístico para uma grade gigantesca de novos produtos não foi nada fácil.

Outra estratégia de mercado utilizada por Jeff Bezos foi, literalmente, "comprar a concorrência". Foi um movimento agressivo, pois a Amazon estava capitalizada e, com isso, possibilitou a Bezos adquirir muitos de seus principais concorrentes nos Estados Unidos. E isso era apenas parte do seu grandioso projeto de se tornar o maior varejista on-line do mundo.

Entre 1998 e 2000, os investimentos da Amazon em aquisições, estrutura, marketing, tecnologia e em outras áreas foi tão grande que deixou o caixa da empresa perigosamente baixo. Jeff Bezos tinha "apenas" 350 milhões de dólares em caixa quando decidiu contratar diversos empréstimos bancários que somavam cerca de dois bilhões de dólares. Ele teve um ótimo senso de oportunidade e sorte, pois nesse mesmo ano aconteceu um "terremoto" devastador no mundo das empresas de Internet, quando as ações das empresas desse segmento tiveram uma incrível desvalorização na Nasdaq. Esse evento ficou conhecido como o "estouro da bolha da Internet".

Segundo Bezos, no auge da bolha da Internet, o valor da ação da Amazon chegou a algo em torno de 113 dólares. No momento em que aconteceu o estouro da bolha, as ações da empresa de Bezos despencaram e o preço de cada ação chegou a 6 dólares em menos de um ano. As empresas de Internet que compunham o índice da Nasdaq tiveram uma queda no valor de suas ações de cerca de 75% em média, até o final do ano 2000. Como se dizia na época, as ações das empresas de Internet estavam "derretendo". No caso específico da Amazon, a perda foi na ordem de mais de 90%. Essa queda fez com que a fortuna de Jeff Bezos caísse de mais de 10 bilhões de dólares em 1999 para 1,5 bilhão em 2002.

O mais incrível sobre o impacto do estouro da bolha das empresas ".com" sobre a Amazon, e particularmente sobre Bezos, foi a sua postura diante do que estava acontecendo. Pelo menos publicamente, ele mostrou força e determinação para contornar os problemas causados pelo estouro da bolha e encarou como uma fase de aprendizado. Ele declarou que a queda do valor das ações não importava realmente, porque as ações não eram a empresa e a empresa estava funcionando bem. Segundo Bezos, ao mesmo tempo em que o preço das ações caminhava para o lado errado, a empresa estava caminhando para o lado certo e crescendo rapidamente.

A "bolha" de investimentos "estourou" no momento em que os grandes investidores desse segmento começaram a se dar conta de que não estavam tendo o retorno esperado de seus investimentos, que a Internet não estava crescendo no ritmo que todos acreditavam que seria e, com isso, as empresas de Internet seguiam gerando prejuízos milionários e demandando mais aportes de capital. Foi o momento em que os investidores disseram "chega"! Isso fez com que milhares de empresas de Internet em todo o mundo simplesmente tivessem que fechar suas portas. Investidores em todo o planeta deixaram de investir, porque se passou a crer que ainda levaria muito tempo até que a Internet alcançasse a maturidade necessária para garantir bons lucros para a maioria das empresas do setor. Mas, mesmo inserido nesse cenário sombrio, Jeff Bezos conseguiu garantir a continuidade das operações da Amazon e prosseguir, ainda mais determinado, com o plano de tornar a sua empresa a maior do planeta.

Foi um período difícil para todas as empresas de Internet e não foi diferente para a Amazon. Apesar de ter suas operações garantidas por mais algum tempo, devido ao empréstimo bilionário que conseguiu, a receita da Amazon estagnou a partir de 2000 e em 2002, correndo o risco até mesmo de falir, Bezos fez um corte drástico na sua folha de pagamento e otimizou seus investimentos e as despesas da empresa. Isso fez com que, no ano de 2003, a Amazon apresentasse um lucro de 400 milhões de dólares. Isso aconteceu devido às boas escolhas de Bezos, sua política de austeridade e boa gestão empresarial.

A empresa continuou crescendo nos anos seguintes, e em 2007 Bezos deu uma nova "guinada" nos negócios. Lançou o Kindle, um leitor eletrônico para livros digitais (e-books) que rapidamente conquistou o mercado americano e parte do mercado mundial. Bezos decidiu realmente se jogar no mercado dos livros digitais, passando a ser o maior fomentador desse formato de leitura. O aparelho foi um sucesso instantâneo e fez com que os livros digitais vendidos pela plataforma de e-books da Amazon aumentassem suas vendas de maneira exponencial. Especialmente nos Estados Unidos, os livros digitais se tornaram uma moda que parecia ter vindo para ficar e até mesmo se previa que, em poucos anos, os livros digitais fariam com que os livros impressos pudessem deixar de existir, assim como tecnologias antigas se tornaram apenas lembranças.

Discutia-se que os livros impressos seriam substituídos totalmente pelos e-books, sendo extintos da mesma forma como ocorreu com o disco de vinil, as fitas cassete, as fitas de vídeo VHS e até mesmo CDs e DVDs que se tornaram "coisas do passado" com a chegada de novas tecnologias. Isso, no entanto, até os dias de hoje, não aconteceu. Os livros impressos ainda representam a grande maioria dos livros vendidos no mundo e somente no mercado americano a venda de e-books é realmente expressiva. Contudo, depois de ter crescido rapidamente no início, a venda de livros digitais tem caído nos últimos anos. Mesmo assim ainda é um negócio milionário, especialmente para a Amazon, que domina esse mercado nos Estados Unidos e no mundo.

O crescimento consistente das vendas da Amazon, que já se tornara uma loja virtual que vendia praticamente de tudo, fez com que ela se tornasse oficialmente, em outubro de 2013, a maior empresa varejista on-line do mundo. Jeff Bezos finalmente havia conseguido colocar a Amazon onde seu plano inicial, concebido em 1994, previa. Fora uma jornada de 19 anos que fez com que uma livraria on-line fundada com 300 mil dólares, capital que veio dos pais de Jeff Bezos, se tornasse a maior empresa varejista on-line do mundo, valendo muitos bilhões de dólares.

Além de desbravar o novo e promissor mercado de livros digitais, Bezos também criou, em 2002, a Amazon Web Services, também conhecida como AWS. Esse "braço" da Amazon começou gerando e compilando dados sobre clima e tráfego na Internet. Era uma empresa de inteligência, que poderia fornecer dados relevantes a clientes que necessitassem de informações apuradas, especialmente no que dizia respeito a navegação, hábitos de consumo e muitas outras informações relevantes que poderiam ser muito úteis a empresas que estavam se aventurando na Internet. Mas o grande negócio da AWS se tornaria o armazenamento de dados na "nuvem", ou *cloud computing*, para atender empresas de todos os portes e até mesmo órgãos governamentais.

Em 2013, a AWS fechou um contrato de 600 milhões de dólares com a CIA, a principal agência de inteligência do governo norte-americano.

Em 2015, um evento marcou a história da Amazon e da vida de Jeff Bezos. Após anunciar resultados surpreendentes de vendas, as ações valorizaram tanto em um só dia que fizeram a fortuna de Bezos aumentar em 7 bilhões de dólares. Com a valorização da Amazon e de sua fortuna pessoal, Bezos decidiu intensificar os investimentos na empresa e dois anos depois, em 2017, foi anunciada a contratação de mais 130 mil funcionários, além de um aumento da estrutura da empresa.

Em 2016, Bezos vendeu pouco mais de um milhão de ações da Amazon, obtendo com essa venda cerca de 670 milhões de dólares. Poucos meses depois, ainda em 2016, ele vendeu mais um milhão de ações que, mais valorizadas, renderam a Bezos pouco mais de 760 milhões de dólares.

No início de 2018, em fevereiro, a Amazon divulgou um lucro trimestral de cerca de dois bilhões de dólares, o maior resultado já obtido pela empresa até então. Isso fez com que nesse mesmo ano, com as ações da Amazon ainda mais valorizadas, a participação de Jeff Bezos na empresa já valesse cerca de 109 bilhões de dólares. Ele começou a vender ações com a finalidade de levantar fundos para investir em outros negócios, e seu principal foco empresarial passou a ser a Blue Origin, sua nova empresa voltada para negócios espaciais.

Ainda no início de 2018, no dia 6 de março, Bezos passou a ser considerado pela revista *Forbes* como a pessoa mais rica do mundo, com uma fortuna avaliada em 112 bilhões de dólares. Bill Gates, o fundador da Microsoft, deixava de ser, depois de muito tempo, o homem mais rico do mundo, dando lugar a Bezos.

Apesar de a Amazon ser a maior varejista on-line do mundo, Jeff Bezos começou a se preocupar com o meteórico crescimento do Alibaba Group, na China. Isso fez com que Bezos passasse a manifestar interesse em eventualmente entrar no mercado da Índia. Em março de 2018, Bezos enviou à Índia o vice-presidente global da Amazon, Amit Agarwal, com um orçamento disponível de 5,5 bilhões de dólares para prospectar operações para toda a cadeia de suprimentos da empresa.

Nesse mesmo ano, Jeff Bezos sofreu um grande revés. O então presidente dos Estados Unidos, Donald Trump, acusou a Amazon e Jeff bezos de sonegação fiscal e políticas comerciais anticompetitivas. As acusações de

Trump fizeram com que o valor das ações da Amazon caísse e, com isso, a fortuna pessoal de Bezos recuou mais de 10 bilhões de dólares. Esse baque, no entanto, foi temporário, pois Bezos conseguiu mostrar que o governo poderia fazer muito pouco para regular as práticas da Amazon, restringindo as atividades da empresa. Mesmo assim, Bezos foi chamado ao Congresso dos Estados Unidos para prestar esclarecimentos aos congressistas.

Por ter se tornado um destaque nos negócios e o homem mais rico do mundo, Jeff Bezos passou a ser constantemente questionado por autoridades políticas dos Estados Unidos sobre as suas práticas comerciais e sobre a lisura de suas operações. As campanhas salariais também passaram a ser mais agressivas por parte dos milhares de funcionários da empresa e os sindicatos que os representam. Isso fez com que Bezos, no final de 2018, anunciasse um grande aumento salarial para todos os funcionários.

Em fevereiro de 2021, após 27 anos como CEO da Amazon, Jeff Bezos anunciou que deixaria o cargo e passaria a ser o presidente do conselho executivo da empresa. Ele alegou que precisava de tempo disponível para se dedicar mais às suas fundações e às suas outras empresas, como a Blue Origin e o jornal *The Washington Post*.

# 4

# Amazon Prime

Apesar da sua expansão inicial astronômica, especialmente a partir do momento em que Jeff Bezos decidiu transformar a Amazon em "a loja de tudo", o ritmo de crescimento da empresa começou a reduzir, o que fez com que Jeff Bezos, em 2005, fizesse dois movimentos empresariais que mudariam, mais uma vez, os rumos da Amazon, pois daria um novo fôlego a uma empresa que sempre foi inovadora em muitos aspectos. Nesse ano surgiu a ideia da criação da Amazon Prime. Mas o que seria exatamente isso? A ideia inicial foi oferecer dois dias de frete grátis em produtos específicos, para compras feitas dentro dos Estados Unidos. Entretanto, essa ideia faria com que cada produto vendido pela Amazon Prime fosse uma venda com prejuízo para a empresa de Bezos. Isso porque o custo do frete rápido e grátis "mataria" o lucro da venda. Entretanto a Amazon seguiu firme com esse propósito, pois acreditava que ganharia mais dinheiro de outras formas e que a conta final seria de lucro para a empresa.

Para os clientes da Amazon, ser Prime é uma grande vantagem. Os benefícios são, de longe, maiores do que os custos. O Prime oferece muitas vantagens aos clientes, mas nem todas as pessoas utilizam todos os benefícios disponíveis, entretanto, se o cliente usar parte desses benefícios, já vale a pena ser Prime. No Brasil, se você tiver uma assinatura do Prime Video, já tem acesso aos benefícios do frete grátis para os produtos Prime, e também a um ótimo streaming de filmes e séries, além de música, jogos e leitura, entre outros benefícios.

O conceito Prime da Amazon foi ampliado de maneira global. Produtos colocados na categoria Prime, para clientes cadastrados, passaram a ter frete grátis por tempo indefinido. Atualmente, uma enorme gama de produtos vendidos pela Amazon tem o selo Prime, mas Bezos encontrou muitas formas de ganhar dinheiro com o prejuízo que as vendas dos produtos Prime causam à empresa.

Para começar, a venda de produtos feita pelo e-commerce da Amazon aumentou muito graças aos produtos Prime. Isso aconteceu porque as pessoas que se tornaram membros Prime da Amazon, com direito a frete grátis nos produtos prime, passaram a comprar mais, e também aumentaram suas compras de produtos com frete pago. Além disso, pessoas que ainda não tinham o hábito de comprar na Amazon, por terem assinado o streaming Amazon Video e se tornado clientes Prime, passaram a comprar na Amazon. Dessa forma foi criada uma sinergia muito eficiente para aumentar as vendas do e-commerce da Amazon.

Outra fonte de faturamento que gera lucros para a loja virtual e compensa parte do prejuízo com a venda dos produtos Prime é o *marketplace*. Boa parte dos produtos ofertados na loja da Amazon é comercializada por empresas parceiras que utilizam o seu *marketplace*. Esses produtos geram comissões para a empresa de Bezos, que lucra com isso sem ter gastos relevantes em relação à receita gerada. Nesses casos, o principal investimento que a Amazon faz para manter o *marketplace* funcionando é, basicamente, em tecnologia, para manter e gerenciar as operações das lojas parceiras dentro do seu *website*.

O *marketplace* da Amazon funciona como o de muitas outras empresas, mas é considerado o que traz melhores resultados. Qualquer empresa que preencha os requisitos exigidos pode colocar seus produtos à venda dentro do site da Amazon e esses produtos aparecerão para os clientes, juntamente com produtos vendidos pela própria Amazon e produtos oferecidos por outras empresas que também façam vendas através do *marketplace* da Amazon.

Quando você busca um determinado item no site da Amazon, na página do produto costuma aparecer que há um número "x" de ofertas desse mesmo produto, com preços a partir de "x" reais. Ao clicar nas opções de produtos e preços, você verá que o produto é vendido e entregue por uma determinada empresa, que não é a Amazon. Mesmo assim, a Amazon tem uma corresponsabilidade nesse processo de venda e entrega, ou seja, você pode estar comprando de uma empresa desconhecida, mas tem a garantia de que irá receber, pois a Amazon "afiança" (até certo ponto) essa venda. Todo o processo de venda, pagamento e entrega é monitorado pela Amazon. Reclamações podem ser feitas diretamente ao fornecedor ou à Amazon, que se compromete a resolver o problema, da melhor maneira possível e no menor tempo hábil.

As operações realizadas pelo *marketplace* da Amazon são todas lucrativas para a empresa. Dessa forma, como já mencionado, apesar de ter prejuízo nas vendas Prime, a Amazon lucra de outras formas.

Outra maneira de ganhar dinheiro indiretamente com o selo Prime foi incorporá-lo aos assinantes da plataforma de streaming da Amazon. Os assinantes da Amazon Prime Video, além de terem acesso a uma das maiores plataformas de streaming do mundo, também têm acesso às compras de todos os produtos Prime do e-commerce da Amazon. Isso fez com que o Prime Video tivesse um enorme diferencial competitivo, aumentando muito o número de assinaturas e gerando mais lucro para o grupo de Bezos.

Além disso, outras subsidiárias da Amazon passaram a lucrar muito mais, como benefício indireto do aumento das vendas e da base de clientes Prime. O grupo de Bezos compreende mais de 100 empresas que, de uma forma ou de outra, atuam no segmento de tecnologia. Muitas apresentam uma sinergia clara e muito lucrativa para a Amazon. A extensa lista de subsidiárias inclui a Amazon Web Services, Prime Video, Amazon Studios, MGM Studios, IMDB, Whole Food Markets, Zappos, Twitch, Ring e Audible, entre muitas outras.

A maior parte das empresas do grupo de Bezos, além de terem valor de mercado acima de 1 bilhão de dólares, se beneficiam direta ou indiretamente da base de clientes Prime da Amazon. Ou seja, mesmo perdendo dinheiro, Jeff Bezos consegue ganhar dinheiro! O prejuízo em vendas da

Amazon, devido ao método de envio Prime é amplamente compensado pelo efeito positivo que essa estratégia causa nas subsidiárias da Amazon.

A estratégia Prime da Amazon também fez com que ela "passasse por cima" da concorrência com facilidade, deixando gigantes do e-commerce, como o E-bay, muito para trás!

Outro diferencial competitivo que agrega valor ao Prime é o Amazon Prime Music. É mais uma subsidiária do grupo, dedicada ao streaming de áudio, que concorre diretamente com outros dois gigantes do streaming de músicas, o Spotify e a Apple Music. Para quem é membro Prime da Amazon, o Prime Music já está incluído, sem custo adicional.

Todas as vantagens de ser membro Prime da Amazon aumentam a fidelização do cliente. A criação do conceito Prime foi, sem dúvida, uma das estratégias que propiciaram o maior número de saltos de crescimento do grupo de Jeff Bezos.

> Mesmo vendendo muitos produtos com prejuízo, a Amazon gera lucro. Ou seja, até quando perde dinheiro, Bezos ganha dinheiro!

# 5
# Como funciona a Amazon

A Amazon é a maior varejista mundial. Vende basicamente de tudo, mas qual é o segredo do sucesso da empresa que tornou Jeff Bezos o homem mais rico do mundo e ainda o mantém sempre entre os três mais ricos? Como uma empresa que começou como uma simples livraria virtual conseguiu atingir tanto sucesso?

Muitos especialistas analisam constantemente a Amazon e o seu sucesso, tentando desvendar a fórmula que levou a empresa de Bezos ao Olimpo do empreendedorismo.

Uma empresa com tamanho grau de complexidade, que começou pequena e foi se tornando cada vez mais eficiente, se espalhou pelo mundo e se tornou a maior varejista virtual do planeta. Mas como? Isso, sem dúvida, é um feito admirável já que muitas outras empresas, desde os anos 1990, entraram e saíram de cena, sem conseguir sequer chegar perto do sucesso que Bezos obteve com a Amazon.

Empresas que começaram com milionários aportes de capital não puderam se firmar no mercado e faliram. Outras, com histórico fortíssimo de vendas em lojas físicas, quando entraram no mercado do mundo virtual também não obtiveram sucesso semelhante ao da Amazon. Podemos citar como exemplo, no Brasil, a Americanas.com, que foi, inicialmente, o braço virtual da gigantesca "Lojas Americanas", uma rede de lojas físicas que atualmente conta com mais de 1.700 lojas em todo o Brasil. Mesmo sendo uma gigante do e-commerce, que recebeu incontáveis aportes de capital, fundiu-se com outros grandes nomes do e-commerce brasileiro e continua sendo parte do grupo das Lojas Americanas (atualmente assolado com um "rombo" bilionário e em processo de recuperação judicial), nunca conseguiu chegar perto dos resultados de Bezos, que transformou a Amazon em um sucesso mundial. Nos Estados Unidos e em todo o mundo, são incontáveis os casos de varejistas on-line que também nunca alcançaram resultados tão expressivos como os da Amazon, mesmo havendo alguns poucos concorrentes que se destacaram no mercado mundial, como a JD, a Walmart, o Alibaba e o e-bay.

Mas, qual é o maior segredo da Amazon? Por que ela deu tão certo? Bom, é claro que a resposta a isso passa por dezenas de pontos fortes estratégicos e milhares de pequenos cuidados com os menores detalhes. A gestão de Jeff Bezos é, sem dúvida, um importante ativo da empresa, e, sendo a "cabeça" do negócio, ele criou um esquema de logística que possibilitou à Amazon chegar aonde chegou. Ter produtos disponíveis e conseguir entregá-los em um prazo mais rápido do que o da concorrência, e por um preço menor, é a chave para o sucesso. Mas você deve se perguntar: e todos os outros concorrentes de Bezos não sabem disso também? E por que então não investem em gestão e recursos para serem os melhores? É claro que eles sabem, mas, em uma competição acirrada, sempre há um vencedor e a Amazon, até o presente momento, está vencendo com grande "facilidade". Atualmente, a Amazon está vencendo com folga a corrida entre varejistas on-line, seguida pela JD.com e pelo Walmart.

E como funciona o processo de vendas, desde a compra das mercadorias até a entrega ao cliente? Esse é um tópico importante, pois é um dos principais diferenciais da Amazon.

Lojas virtuais existem há várias décadas e o que mudou nos sites de e-commerce foi a tecnologia por trás deles, e tecnologia de ponta custa caro. Bezos sempre investiu para ter as melhores tecnologias à disposição da Amazon, e só existem duas maneiras de se obter o melhor em matéria de tecnologia: o desenvolvimento próprio ou a aquisição, em primeira mão, das melhores tecnologias possíveis disponíveis no mercado. Atualmente, um dos "segredos" tecnológicos da Amazon é a Inteligência Artificial que permeia toda a navegação no site da empresa, os contatos automatizados que os clientes recebem, as indicações de produtos, a análise individualizada do perfil de cada cliente e muito mais. Esse tipo de tecnologia, tema de filmes de ficção científica até poucos anos, hoje faz parte da realidade da Amazon.

A Amazon comercializa produtos de maneiras diferentes. Primeiro existe o sistema tradicional: a empresa de Bezos compra produtos dos mais diversos fornecedores, mantém esses itens em seus estoques, espalhados por todo o planeta, vende no seu site e realiza a entrega. Produtos comercializados desta forma são facilmente identificados nos sites da Amazon (são sites diferentes, de acordo com o país – veja a diferença navegando no site Amazon.com.br e Amazon.com), quando se lê, na página do produto, "vendido e entregue por Amazon.com".

No formato de comercialização denominado *marketplace*, já mencionado, um fornecedor de qualquer tipo de produto se cadastra no site da Amazon e consegue, de maneira automatizada, colocar seus produtos à venda. O consumidor então verá na tela de venda do produto a informação "vendido e entregue por", seguido do nome do fabricante ou revendedor. Em operações como esta, a Amazon apenas garante a idoneidade do vendedor e abre canais para que os compradores possam dar *feedback*, sejam elogios ou reclamações. A Amazon se compromete a só deixar ativos vendedores que correspondam às políticas de idoneidade da empresa, ou seja, se um vendedor não cumprir prazos ou não atender bem seus clientes, a Amazon o retirará de seu *marketplace*.

Existe também um outro formato de vendas, que apesar de não estar disponível em todas as localidades, é bem interessante. A Amazon firma um contrato de parceria com um fabricante ou revendedor e disponibiliza toda a logística da empresa para esse parceiro. Desta forma, ele utiliza a área de estocagem e todo o processo de vendas da Amazon, desde o processamento do pedido e o manuseio para despacho até o envio para o cliente e mesmo o pós-venda. Este formato, muito utilizado nos Estados Unidos, é conhecido como *fulfillment*. O parceiro paga por esses serviços executados pela Amazon, e passa a contar com a logística mais eficiente do planeta.

O processo de terceirização completa oferecido pela Amazon é tão eficiente que muitas empresas foram concebidas para fazer vendas on-line utilizando esse formato de comercialização disponibilizado pelo *e-commerce* da Amazon.

Por se tratar de uma empresa que nasceu e vive no mundo da alta tecnologia, a Amazon utiliza sempre o que há de mais moderno para permanecer na dianteira no mundo do varejo virtual. Rotinas que parecem ter saído de filmes de ficção científica fazem parte do dia a dia de muitos centros de armazenamento e distribuição da Amazon. Muitos deles são operados total ou parcialmente por robôs, que se encarregam de colocar e retirar das prateleiras os produtos que chegam e saem diariamente dos seus centros de distribuição.

O grau de automação e tecnologia utilizada nos armazéns e centros de distribuição da Amazon nos Estados Unidos e em outras regiões do mundo é realmente impressionante. Praticamente todo o armazenamento é feito por robôs. São mais de 100 mil robôs que atuam nos centros de distribuição, vitais no processo de armazenar ou retirar os produtos das prateleiras e levá-los para a expedição. Basicamente, somente no processo de conferência e empacotamento existe interferência humana. Mesmo em centros de distribuição gigantescos, o número de funcionários é reduzido. Pequenos robôs, responsáveis pela intensa movimentação de produtos na área de armazenamento, preparação e expedição, são capazes de transportar uma tonelada, enquanto os robôs maiores, responsáveis por colocar e retirar produtos mais pesados em locais de armazenamento mais elevados, são capazes de erguer até 6 toneladas a alturas de mais de 6 metros.

Todos os números ligados à Amazon são superlativos. Só nos Estados Unidos, a empresa conta com mais de 110 centros de armazenamento e distribuição. No Brasil, atualmente, são 10 centros de distribuição ativos.

Em 2020, em razão da pandemia de Covid-19, o comércio on-line cresceu em todo o mundo e a Amazon também cresceu de tal maneira que houve a necessidade de aumento do número de centros de distribuição, especialmente nos Estados Unidos. No Estado da Califórnia foi construído, ainda durante a pandemia, o maior centro de distribuição da Amazon no mundo. Esse gigante de mais de 380 mil metros quadrados é um marco para a empresa. Com o fim da pandemia, as vendas on-line começaram a cair, pois boa parte dos consumidores voltou a comprar em lojas físicas, o que reduziu de maneira significativa o comércio eletrônico; mas, apesar disso, o e-commerce encontra-se em um patamar ainda superior ao do período pré-pandemia. Mesmo assim, a Amazon e outras empresas do setor que cresceram muito e precisaram aumentar suas estruturas físicas durante a pandemia, deverão rever suas políticas estruturais necessárias para se adequarem à nova realidade do mundo pós-pandemia.

Voltando à alta tecnologia utilizada em seus centros de distribuição, apesar de eles serem altamente sofisticados nos Estados Unidos, na maior parte dos outros países onde a empresa de Bezos tem estrutura montada, o nível tecnológico utilizado não é tão grande, mas apresenta eficiência bem acima da média local. No Brasil, por exemplo, os centros de distribuição não contam com robôs, como nos centros americanos, o que leva à necessidade de contratação de um número maior de mão de obra local.

Mesmo sem a utilização de robôs, os processos de trabalho em centros de distribuição no Brasil seguem padrões que fazem com que os produtos vendidos e entregues pelo *e-commerce* da Amazon consigam chegar em tempo recorde à maioria dos clientes.

As entregas mais demoradas acabam sempre ocorrendo devido à extensão do território brasileiro e às más condições de transporte e infraestrutura disponíveis. Ou seja, mesmo utilizando o melhor processo logístico e transportadoras eficientes, é muito difícil chegar a muitas localidades do país em pouco tempo. Apesar disso, a Amazon consegue entregar a maior parte de seus produtos em tempo recorde e ainda realizar entregas em 24 horas para boa parte de seus clientes.

Além disso, a Amazon constantemente testa novas tecnologias para tornar o processo logístico mais eficiente e, muitas vezes, combinar essa eficiência com estratégias de marketing. Podemos dar como exemplo os testes de entrega de mercadorias em áreas mais remotas dos Estados Unidos, utilizando drones e veículos terrestres autônomos. Além de viabilizar a redução de custos e diminuir ainda mais o tempo de entrega, a publicidade alcançada com essa notícia beneficia muito a empresa de Bezos.

As formas de entrega alternativas e experimentais correspondem a uma pequena fração do movimento de entrega da Amazon. A grande maioria das entregas utiliza transporte terrestre e aéreo e, para isso, a Amazon investiu muito em frota própria, mas ainda depende, para a entrega da maior parte de suas vendas, de parceiros logísticos, como a UPS e a FedEx, dentre outras nos Estados Unidos e em outras partes do mundo.

Dentro de toda a logística da Amazon, a rapidez e eficiência nas entregas são pontos críticos para o sucesso da empresa. Apesar do grande mérito de Bezos e da Amazon em conseguir que produtos sejam entregues em tempo recorde, a "chave" do sucesso, que é conseguir realizar entregas rápidas, não foi inventada por Bezos e os processos de entrega revolucionários também não são novidade no mundo empresarial, especialmente nos Estados Unidos. Podemos citar o grande *case* de sucesso da FedEx, empresa de transportes e logística que foi criada na década de 1970, por Frederick W. Smith, e teve seu grande sucesso baseado em um processo logístico que garantia entregas, em qualquer lugar do território dos Estados Unidos, em até 24 horas, a qualquer custo! Bezos também foi obrigado a implantar um supereficiente processo de entrega de mercadorias, para que esse fator crítico para o sucesso colocasse sua empresa à frente da concorrência. E ele realmente conseguiu transformar a Amazon em uma referência de agilidade no que diz respeito às entregas.

Entretanto, a grande velocidade de entrega de produtos só é garantida pela Amazon para itens que sejam vendidos e entregues pela própria Amazon, e não por parceiros que utilizam o *marketplace* da empresa para vender. Nesses casos, a logística de processamento e entrega das vendas fica a cargo do parceiro de *marketplace*, que pode ser um fabricante ou revendedor de produtos.

Outro grande diferencial que a Amazon criou para seus clientes é proporcionado pela integração da empresa com o serviço de streaming Amazon Prime Video. Os clientes do braço de streaming são chamados de clientes Prime, pois assinam o serviço, pagando um valor mensal fixo, e recebem um bônus muito importante que ajuda na sua fidelização na loja virtual da empresa. Todos os clientes Prime têm direito a frete grátis para os produtos vendidos e entregues pela própria Amazon. Isso proporciona a esses clientes a possibilidade de comprar centenas de milhares de produtos e recebê-los em casa, sem pagar frete, como mencionado anteriormente. Desta forma, antes de comprar algo, os clientes Prime sempre procuram primeiro o produto desejado na Amazon, já sabendo que a entrega poderá ser gratuita.

Como em qualquer outra empresa, de qualquer área de atuação, a Amazon depende da qualidade do pessoal contratado. A administração de recursos humanos, o treinamento e o ambiente de trabalho são uma preocupação constante na Amazon, tanto nos Estados Unidos, como em qualquer uma das unidades espalhadas por outros países, incluindo o Brasil. Apesar da necessidade de pessoal capacitado, a Amazon decidiu investir em automação, especialmente na sua logística.

A logística da Amazon é considerada a melhor do mundo. O que mais impressiona qualquer pessoa que tenha contato com a estrutura da Amazon são seus gigantescos e altamente automatizados centros de distribuição nos Estados Unidos.

## Como funcionam os centros de distribuição da Amazon

A Amazon construiu toda a sua base de sucesso com o foco no cliente. Essa é uma das premissas de Jeff Bezos para que qualquer negócio prospere. Com isso, no decorrer dos anos, a estrutura logística da Amazon foi se tornando cada vez mais eficiente. A ideia é que um cliente que compre um produto no website da Amazon, usando um notebook, ou no app, em um smartphone ou com comandos de voz, pela Alexa, possa completar a compra rapidamente e no dia seguinte já receber o seu pedido.

Claro que nem todos os produtos podem ser entregues em apenas um dia, mas a estrutura logística da Amazon é melhorada constantemente, para chegar cada vez mais perto dessa "entrega relâmpago". E para que a logística seja cada vez mais eficiente, Jeff Bezos colocou sua atenção no "coração" da logística que são os centros logísticos, ou centros de distribuição.

A Amazon precisa despachar uma quantidade absurdamente grande de encomendas todos os dias e não pode errar nesse processo. As entregas devem ser rápidas e precisas, afinal, se os clientes comprassem uma TV e recebessem livros no lugar, a reputação da Amazon acabaria do dia para a noite! Os centros de distribuição trabalham 24 horas por dia, 7 dias por semana, para realizar as entregas rapidamente e, sempre que possível, em um prazo que surpreenda os clientes.

Há poucos anos, um executivo da Amazon descreveu os centros de distribuição da Amazon como uma espécie de "sinfonia de humanos e máquinas trabalhando juntos". Essa "simbiose" de humanos e máquinas realmente funciona muito bem nos centros de distribuição concebidos por Jeff Bezos.

Robôs transportando estantes com produtos em um centro de distribuição da Amazon.

O sistema de Inteligência Artificial da Amazon tem um papel muito importante no processo de venda e entrega das mercadorias, aliás, ele é importante até mesmo antes de você pensar em comprar algo na loja. Mesmo antes de acessar o site da Amazon, a empresa já tem uma ideia do que poderá interessar a você, através de uma análise de IA dos seus hábitos de consumo. O algoritmo da inteligência artificial faz algumas projeções com base na sua idade, sexo, local onde mora, escolaridade e hábitos de consumo. E isso ele faz com milhões de consumidores, área por área, e com base nessas projeções a Amazon estoca em seus centros de distribuição os produtos que deverão ser mais consumidos, permitindo assim que as entregas sejam feitas com mais velocidade.

Voltando aos centros de distribuição, uma ideia que se materializou acabou se tornando um dos maiores diferenciais competitivos para a Amazon. A grande maioria da movimentação de mercadorias dentro dos centros de distribuição é feita por robôs que carregam de um lado para o outro grandes estantes, que são entregues aos trabalhadores cuja função é pegar a mercadoria vendida da estante e dar início ao manuseio. Em seguida, o robô leva a estante de volta para o seu devido lugar, movendo-se à uma velocidade de quase 5 quilômetros por hora. Esses robôs, com apenas 30 cm de altura, têm capacidade de carregar 450 quilos ou mais.

O programa que "robotizou" os armazéns da Amazon começou quando a empresa adquiriu, em 2012, a Kiva Systems, uma das líderes mundiais em automação de armazéns e centros de distribuição. O valor da transação foi de 775 milhões de dólares. Depois da aquisição a empresa mudou o nome para Amazon Robotics. A partir daquele momento, os antigos clientes da Kiva não puderam mais ter acesso aos produtos e às novas tecnologias criadas pela Amazon Robotics. Dessa forma, a Amazon passou a ter acesso exclusivo à melhor tecnologia de automação de armazéns e centros de distribuição, e Bezos conquistou um diferencial competitivo importantíssimo para todo o seu grupo de empresas.

A substituição da mão de obra humana por esses pequenos e ágeis robôs proporcionaram um gigantesco ganho de produtividade nos centros de distribuição. Estima-se que a utilização desses robôs permite à Amazon poder armazenar 50% mais produtos e movimentar esse estoque três vezes mais rápido. Esse aumento de produtividade promoveu uma redução de custos na ordem de 40%.

A nova geração de robôs criados pela Amazon Robotics, batizada de Pegasus, é ainda mais eficiente. São robôs menores, com tecnologia mais simples, de manutenção mais barata, e com uma capacidade de carga bem superior à da geração anterior, capazes de transportar até 600 kg de carga. Com isso a produtividade dos centros de distribuição da Amazon cresceu ainda mais. Mais recentemente, a Amazon passou a utilizar também uma nova geração de robôs, batizados de Xanthus.

No processo de utilização dos robôs, o sistema de gestão e controle de tráfego desses pequenos carregadores é o cérebro de toda a operação. O sistema da Amazon Robotics coordena cada rota dos pequenos robôs e integra toda essa complicadíssima malha de transporte ao controle de pedidos e à linha de manuseio e entrega. Esse é o coração de toda a operação do *e-commerce* da Amazon e é um sistema que fica na nuvem da Amazon Web Services (AWS), ou seja, nada depende de empresas que não sejam do grupo de Jeff Bezos.

A otimização de tempo e recursos certamente é o principal fator para justificar tamanho investimento nesses robôs e no eficiente sistema que integra a operação dentro dos centros de distribuição da Amazon. E é um sistema que funciona bem até com as suas próprias falhas. Quando um robô "quebra", o sistema envia outro, minimizando atrasos ou até mesmo evitando que haja qualquer problema em alguma entrega.

Um dos milhares de pequenos robôs que transportam mercadorias nos centros de distribuição da Amazon.

Quando os centros de distribuição eram controlados totalmente por mãos humanas, as condições dentro das instalações eram pensadas para otimizar o trabalho. Atualmente, nas áreas "povoadas" por robôs, tudo é pensado para facilitar o trabalho desses incansáveis funcionários. Muitas mudanças foram implementadas, como, por exemplo, a iluminação dos armazéns, pois em algumas situações o antigo sistema confundia os sensores dos robôs.

O fluxo de ar dos aparelhos de ar-condicionado dentro dos armazéns também foi alterado. Em algumas áreas o fluxo de ar era de cima para baixo e agora é voltado para os lados, auxiliando no melhor desempenho possível dos pequenos robôs, enquanto transportam as estantes com os produtos. QR *codes* estão espalhados pelo chão de toda a área "habitada" pelos robôs. Com câmeras localizadas na parte inferior, os robôs conseguem ler os QR *codes* e balizar sua navegação dentro do armazém. Além disso, as pequenas máquinas têm sensores que as fazem evitar qualquer colisão com possíveis obstáculos ou com outros robôs. Tudo isso são mecanismos que visam criar maior segurança para a operação desses robôs e de todo o centro de distribuição.

Dentro dos centros de distribuição também são utilizados outros robôs que, perto desses pequenos carregadores de estantes, podem parecer até mesmo antiquados. É o caso de grandes braços mecânicos, robôs utilizados na indústria automobilística há décadas e que, apesar de "antiquados", são muito úteis, pois podem levantar mais de uma tonelada e manipular a carga com precisão milimétrica! Também são utilizados robôs que ficam sobre uma esteira rolante, etiquetando caixas em uma velocidade incrível, de mais de uma caixa por segundo.

É claro que robôs e automação são apenas parte do trabalho e da eficiência dos centros de distribuição da Amazon, que continuam dependendo de trabalhadores humanos tanto para funções manuais quanto para as intelectuais. Mesmo com o avanço da automação, estamos longe de conseguir aumentar ainda mais esse nível de robotização nas empresas, incluindo a própria Amazon.

Trabalhadores humanos são necessários para tomada de decisões, correção de erros, administração com interação entre funcionários de vários níveis e boa parte do trabalho manual. Quando as mercadorias chegam aos centros de distribuição, são funcionários que descarregam os caminhões e separam os itens, colocando-os nas prateleiras de transporte automatizado, e eles também fazem parte da separação dos pacotes a serem enviados.

Para que as partes do processo realizado por funcionários tenham poucos erros, o treinamento, motivação e integração das equipes são vitais. Uma das formas utilizadas para incentivar os funcionários dos centros de distribuição a trabalharem com maior velocidade e menor percentual de erros são jogos. Isso mesmo! São lançadas competições internas com premiações, e os funcionários com melhores resultados recebem recompensas. Em suma, o que a Amazon quer é que seus funcionários consigam despachar mais mercadorias por hora, com a menor margem de erro possível. Quanto mais eficiência e rapidez tiver um funcionário do manuseio, mais rápido um pedido se movimenta dentro do centro de distribuição e mais rápido ele chegará à casa do comprador.

A tecnologia da automação está fazendo com que muitos empregos, antes vitais, estejam sendo substituídos por robôs e mudando de áreas as mãos humanas. Mesmo assim, o trabalho humano, tanto nos centros de distribuição da Amazon quanto em outras empresas e segmentos da economia nunca poderá ser totalmente dispensado. Ainda não existe uma máquina que substitua o cérebro humano. No caso da Amazon, a simbiose humano-robô tem dado resultados extraordinários. A "loja que vende tudo" precisa de grande tecnologia e um alto grau de automação para atender seus clientes em todo o mundo, mas o foco total no cliente, premissa inicial de Jeff Bezos para fazer com que a Amazon pudesse se consolidar como a maior empresa de e-commerce do planeta, depende de maneira vital do toque e da presença de seres humanos.

### Entrega de mercadorias realizada por drones

A Amazon tem um ambicioso projeto de conseguir entregar, pelo menos nos Estados Unidos, produtos em até 30 minutos após a compra on-line! E para essa proeza inédita, Jeff Bezos espera contar com uma esquadrilha de drones para realizar as entregas.

Esse projeto pode parecer "coisa do futuro" para muitos, mas para outros é algo que já deveria existir, afinal, estamos no século XXI. Para Jeff Bezos, esse é um diferencial competitivo que ele precisa ter, assim como os robôs que trafegam, já há algum tempo, de maneira frenética pelos centros de distribuição da Amazon. Para todos os envolvidos com a implantação de drones na Amazon, direta ou indiretamente, fazer parte desse projeto é, certamente, motivo de orgulho.

Esse é um projeto que tem o potencial de mudar a cadeia de vendas de produtos, de uma forma semelhante ao advento da própria internet. O transporte de mercadorias no último trecho da entrega será mudado de maneira radical, assim como, no início do e-commerce, deixar de comprar em uma loja física e passar a comprar "em um computador" foi uma mudança radical no processo de compra e venda.

Protótipo de drone utilizado para entregas realizadas pela Amazon.

Todas as companhias que fazem entregas de produtos têm seu maior custo na última etapa do percurso, ou seja, quando, em geral, uma van ou um pequeno caminhão, e às vezes carros, são usados para levar as encomendas ao seu destino. Como cada veículo consegue carregar uma pequena quantidade de mercadorias, especialmente o custo de mão de obra com motoristas acaba impactando nos custos de entrega.

Tendo em vista a redução de custos e o aumento na velocidade de entrega, a Amazon tem feito testes com drones desde 2013, mas somente em 2020 a empresa obteve uma autorização da Federal Aviation Administration, o órgão do governo dos Estados Unidos que regula a aviação civil do país, para operar uma frota de drones com o intuito de realizar entregas no território americano.

O projeto de entregas de mercadorias utilizando drones é de alta complexidade, pois abrange várias áreas de alta tecnologia. São envolvidas as áreas de aviação, robótica, hardware e software, além de logística e outras. Especialistas nessas áreas trabalham desde o início do projeto, usando seus conhecimentos, criando, inventando e trilhando caminhos que nunca antes haviam explorado. Esse projeto é a própria definição de inovação. O caminho dessa equipe que luta o tempo todo era incerto no início do projeto. São muitas falhas para cada acerto. Os passos adiante nem sempre acontecem, mas não é uma alternativa desistir. Soluções para os problemas que surgem, sejam eles quais forem, sempre existirão.

Para que esse programa de entregas aéreas seja colocado totalmente em prática, em primeiro lugar, esses drones precisam ser seguros e confiáveis, e precisam ser utilizados em grande escala. Só assim os custos serão aceitáveis e haverá uma adesão maior por parte dos compradores e do mercado empresarial, de uma maneira geral. Estima-se que a Amazon deverá economizar bilhões de dólares com o uso de drones, especialmente pela redução do quadro de funcionários. Além disso, a vantagem competitiva de conseguir entregar em até meia hora deverá fazer com que a Amazon aumente ainda mais a sua participação no e-commerce mundial.

Para chegar até o ponto em que o projeto se encontra nos dias de hoje, foram necessárias milhares de horas de voos, com diferentes modelos de drones, testando protótipos e colocando esses pequenos entregadores à prova constantemente. Protótipos foram aperfeiçoados, sempre na busca de encontrar o melhor tipo de drone, o modelo mais adequado para ser o componente básico da frota de Jeff Bezos.

Os softwares das aeronaves foram desenvolvidos para funcionar com inteligência artificial, pois dessa forma os drones podem tomar decisões sozinhos e assim evitar colisões. Eles podem até mesmo decidir com relação às rotas até seus destinos, com base em informações recebidas e também em seus diversos sensores. Esses aparelhos precisam voar tendo como premissa básica a segurança das pessoas e, para isso, precisam discernir quando é necessário tomar um caminho ou mesmo "abandonar uma missão", para não causar danos.

As tecnologias envolvidas no projeto de drones não são exclusivas da Amazon, mas o time que coordena esse grande projeto precisou saber escolher entre as melhores opções tecnológicas e adequá-las às necessidades das entregas aéreas.

## Como funciona a entrega com drones?

Quando um pedido é recebido, o centro de distribuição da Amazon mais próximo ao destino do produto comprado cuida do processamento, manuseio e empacotamento do pedido. A diferença é que o produto é colocado em uma embalagem própria para ser transportado por um drone. Depois de coletar o pedido, o drone sobe rapidamente, em uma ascensão vertical a uma altitude pouco abaixo de 120 metros e depois começa a sua viagem até a casa do cliente que receberá o pedido.

Funcionando e voando de maneira autônoma, assim como um carro autônomo, os drones da Amazon têm diversos tipos de sensores e equipamentos de navegação. Eles utilizam GPS, sensores de distância, sonar e sensores térmicos, entre outros, e dessa forma sabem exatamente para onde devem ir e conseguem "ver" e evitar obstáculos em terra e no ar, além de desviar de prédios ou qualquer tipo de construção que possa estar na rota até o seu destino. Eles também são capazes de desviar de pessoas durante o pouso e de pássaros ou objetos voadores, como outros drones e balões.

Os sensores e o GPS para localização auxiliam na etapa seguinte da entrega. Ao chegar à casa do cliente, o drone precisa procurar um local seguro para aterrissar. A Amazon ainda não divulgou exatamente como será o processo de deixar o produto na porta da casa do cliente, mas especula-se que possa ser através de um cabo que desça a mercadoria, com o drone ainda em voo, até o ponto determinado para que o cliente a pegue no chão. Outra possibilidade é que o drone pouse em um local previamente autorizado pelo cliente, deixe a mercadoria e decole novamente, na vertical.

Como as entregas podem ser feitas em diferentes locais, como cidades ou áreas rurais, drones com características diferentes poderão ser usados, dependendo da localidade da entrega.

Em 2016, a Amazon fez sua primeira entrega bem-sucedida de um produto utilizando um drone. Esse feito aconteceu na Inglaterra. Um drone decolou de um centro de distribuição próximo à cidade de Cambridge e fez sua entrega na casa de um consumidor que morava nas proximidades. A entrega aconteceu 13 minutos após o pedido ter sido feito, menos do que os 30 minutos propostos pela Amazon para realizar entregas com drones. Os testes com entregas utilizando drones continuaram na região da área rural de Cambridge, porque o campo proporciona locais perfeitos para o pouso dos drones.

No final de 2022, a empresa de Jeff Bezos começou a fazer entregas regulares em duas cidades nos Estados Unidos: College Station, no estado do Texas e Lockeford, no estado da Califórnia. As entregas se limitam a produtos de até 5 libras, o equivalente a pouco mais de 11 kg, e os drones voam a uma velocidade de até 24 km por hora.

O serviço de entregas aéreas utilizando drones foi batizado de Amazon Prime Air. Esse projeto revolucionário de Jeff Bezos está apenas começando e pode ter desdobramentos que nem imaginamos, como drones sendo lançados de grandes centros de distribuição móveis, instalados em gigantescos dirigíveis ou de centros de distribuição situados em prédios, criados especialmente para as entregas feitas com drones. O fato é que em breve veremos centros de distribuição da Amazon que parecerão verdadeiras "colmeias", pois desses lugares sairão e chegarão, simultaneamente, milhares de drones que têm como única missão entregar produtos aos clientes da Amazon.

> A utilização de robôs permite à Amazon poder armazenar 50% mais produtos e movimentar esse estoque três vezes mais rápido.

# 6

# Amazon Air – companhia aérea de carga

A Amazon, por ser a maior empresa de e-commerce do mundo, precisa ter um esquema logístico que atenda às suas gigantescas necessidades. A logística de recebimento de mercadorias, venda e entrega dos produtos é um dos principais fatores críticos para o sucesso e a continuidade da empresa de Bezos.

Tudo que diz respeito à Amazon é enorme. O volume de mercadorias vendidas é maior do que toda a correspondência de muitos países. As entregas dos produtos vendidos pela Amazon são feitas de diversas maneiras, utilizando várias formas de transporte, entre elas, o transporte aéreo.

Tendo em vista o enorme volume de carga aérea que a Amazon movimenta, Jeff Bezos decidiu, seguindo sua estratégia de verticalização dos negócios, criar uma companhia aérea de transporte de carga que possa transportar os pedidos de sua empresa de e-commerce. Desta decisão nasceu a Amazon Prime Air que, mais recentemente, foi rebatizada como

Amazon Air. Apesar do novo nome, muitos aviões da empresa ainda ostentam o nome "Prime Air".

Fundada em 2015, a empresa já conta com quase 100 aeronaves de grande porte e opera principalmente em três terminais, sendo um na Alemanha, na cidade de Leipzig, e os outros dois nos Estados Unidos, nas cidades de Hebron, no estado de Kentucky, e em San Bernardino, no estado da Califórnia. Além desses terminais, a Amazon Air opera em dezenas de aeroportos e terminais de carga nos Estados Unidos e em outros países. Com a criação da Amazon Air, a Amazon.com passou a depender menos das grandes empresas de transporte de mercadorias, FedEx e UPS e, também, dos correios dos Estados Unidos.

Com um investimento na casa de 1,5 bilhão de dólares, a Amazon construiu um enorme terminal no aeroporto Cincinnati/Northern Kentucky. Esse terminal tem capacidade para até 100 aeronaves e se tornou a principal base para a Amazon Air.

Em 2017, após adquirir parte de uma companhia aérea de transporte de carga, a Amazon Air passou a operar com grandes aeronaves, mais especificamente, vinte aviões Boing 767. Esse foi o começo da construção de uma frota aérea robusta, capaz de atender as demandas cada vez maiores do e-commerce da Amazon. No ano seguinte, a Amazon fez um contrato de leasing para mais 10 aviões Boing 767-300 e, dessa forma, a frota aérea de Bezos continuou crescendo.

Avião da Amazon Prime Air em um terminal de cargas.

Ainda em 2018, a Amazon passou a encarar, oficialmente, empresas de transporte e logística como uma concorrência ao grupo.

Até o ano de 2020, a Amazon Air operava com aeronaves alugadas, mas como parte dos planos para um crescimento mais sustentável para a empresa, a Amazon decidiu que suas próximas aeronaves seriam compradas e não mais alugadas. As primeiras aeronaves foram compradas da companhia aérea Delta Airlines e da WestJet. Atualmente uma parte significativa da frota da empresa é de propriedade da Amazon Air.

Em janeiro de 2023, a Amazon Air, de olho no grande mercado consumidor da Índia, começou a operar naquele país, por meio de uma parceria com uma empresa local, a Quick Jet, e deve expandir essas operações rapidamente nos próximos anos; entretanto, a Amazon Air ainda continuará a utilizar espaço de carga em aeronaves de outras companhias na Índia. Inicialmente estão sendo usadas duas aeronaves com o logo Amazon Air, para atender às entregas feitas nas quatro maiores cidades do país: Nova Delhi, Mumbai, Hyderabad e Bengaluru.

Com o aumento no número de aeronaves e de aeroportos parceiros, atualmente a Amazon Air já voa para mais de 70 destinos nos Estados Unidos, Europa e Índia.

Todas as vezes que Jeff Bezos se lança em um novo negócio, cria expectativas no mercado e assusta concorrentes. Não foi diferente no caso da Amazon Air. Tendo como cliente a maior loja virtual do Planeta, a Amazon Air já nasceu com grande potencial de crescimento. Apenas para atender os pedidos da Amazon nos Estados Unidos, a Amazon Air já se tornou uma das maiores operadoras de carga do país e com grande possibilidade de expandir seus negócios para clientes fora da logística da Amazon.

Em 2018, a empresa de consultoria Morgan Stanley, subestimando o crescimento da empresa, previu que em 2025 a Amazon Air teria uma frota de 67 aeronaves, menos do que a atual frota da empresa. Além disso, a Morgan Stanley afirmou que a receita das duas grandes empresas de transporte de cargas estaria maior em 2%, se a Amazon Air não existisse, e que sem ela, tanto a FedEx quanto a UPS poderiam fazer suas receitas crescerem em até 10% até o ano de 2025. Com essas projeções, as ações da FedEx e da UPS chegaram a cair cerca de 20%.

Isso preocupa as duas maiores operadoras de cargas aéreas dos Estados Unidos, a FedEx e a UPS. A Fedex, que é um dos maiores *cases* de sucesso mundial na área de transporte de mercadorias, pode vir a ser afetada por um possível crescimento da Amazon Air, mas, até o momento, a empresa aérea de Bezos não está afetando de modo significativo as duas gigantes do transporte de mercadorias que, por enquanto, apenas "sentiram" a grande redução da demanda da loja virtual da Amazon.

O conceito de verticalização dos processos da Amazon é muito importante para todas as empresas do grupo, em especial para a loja virtual. Controlando o maior número de passos, desde a venda até a entrega (simplificando muito esse processo complexo), a Amazon pode ter mais controle sobre o tráfego dos produtos, até a chegada nas casas dos compradores. Atrasos nas entregas deixam de ser "culpa" da Fedex ou da UPS, por exemplo, e passam a ser responsabilidade da Amazon e sua logística. Além disso, com uma estrutura grande e eficiente, o custo por envio cai sensivelmente, fazendo com que a Amazon.com seja ainda mais competitiva. A economia que a loja virtual da Amazon consegue utilizando a sua frota da Amazon Air chega à casa de bilhões de dólares.

Além disso, a Amazon oferece aos seus parceiros que comercializam produtos por intermédio do *marketplace* toda a logística de entrega, com preços inferiores ao de empresas como a UPS ou Fedex. Dessa forma, a Amazon realmente passou a ser uma empresa completa de logística, concorrendo diretamente com as gigantes do setor de transporte aéreo e rodoviário.

A frota da Amazon Prime Air não para de crescer. Já são cerca de 100 aeronaves em atividade.

Apesar do investimento pesado que a Amazon fez e continua fazendo para depender menos da logística e do transporte terceirizado e, ainda, oferecer esse serviço a terceiros, as grandes empresas do setor dizem não se sentir ameaçadas, devido ao tamanho e ao portfólio dos clientes com os quais elas trabalham. Mesmo assim, o que elas estão deixando de lucrar somente com as entregas de produtos vendidos pela loja virtual da Amazon não é um valor para se desprezar. É um montante anual que chega a bilhões de dólares e que representaria um crescimento significativo para essas empresas.

No curto prazo, as grandes empresas de entregas realmente não precisam se preocupar com o crescimento da Amazon Air e de todo o sistema próprio de entregas da Amazon, entretanto, no longo prazo, se Jeff Bezos decidir entrar nesse mercado para "brigar", essas empresas podem realmente sofrer com a competição. Capital para investir nessa atividade o grupo Amazon tem. Resta saber se crescer nesse setor se tornará uma das estratégias de expansão de Bezos.

Entretanto, ao que tudo indica, a Amazon não está tentando copiar o modelo de negócios de grandes empresas de transporte e logística, como UPS, FedEx ou DHL. A ideia não é realmente se tornar um grande competidor nesse mercado. O que Jeff Bezos parece almejar com a Amazon Air e toda a sua estrutura é criar um sistema de entregas híbrido, utilizando caminhões e aeronaves próprias além dos serviços terceirizados. Apesar disso, com o crescimento da frota própria, a porcentagem de entregas dos produtos vendidos pelo e-commerce da Amazon chega a mais de 70% nos Estados Unidos. Para se ter uma ideia do crescimento da entrega própria da Amazon, do qual a Amazon Air faz parte, segundo a CNBC, em 2019, a Amazon entregava com frota própria menos de 47% de suas encomendas nos Estados Unidos, e em 2021, esse percentual chegou a 72%.

Para o último percurso de cada entrega, a Amazon americana utiliza há anos o serviço dos correios dos Estados Unidos, assim como a UPS e outras operadoras, Entretanto, nos últimos anos, o investimento em outros formatos se intensificou. A Amazon comprou dezenas de milhares de vans e também está testando entregas com pequenos carros robotizados e drones.

> Com a criação da Amazon Air, a Amazon.com passou a depender menos das grandes empresas de transporte de mercadorias, como UPS e FedEx.

# 7

# Blue Origin e a nova corrida espacial

Jeff Bezos já disse em entrevistas que desde os cinco anos de idade ele é fascinado por viagens espaciais. Nada diferente da grande maioria dos meninos, certo? Não exatamente. Essa fascinação o levou a crescer pensando nisso e a realmente começar a construir foguetes e ir ao espaço!

A Blue Origin é uma *startup* cujo objetivo são os voos espaciais tripulados. Ela foi fundada por Jeff Bezos em setembro de 2000. Assim como seu rival na nova corrida espacial, Elon Musk, Bezos tem como objetivo viabilizar voos espaciais tripulados a baixo custo e criar as condições necessárias para que seja possível a colonização espacial no nosso Sistema Solar.

Esse é um interesse antigo de Jeff Bezos que, como mencionado, no seu discurso de formatura do ensino médio, no ano de 1982, já disse estar interessado em construir estruturas na órbita terrestre, como hotéis e colônias. O jovem Bezos, com apenas 18 anos de idade, também mencionou seu interesse em preservar o nosso planeta, evitando o esgotamento dos nossos recursos naturais, isso muito antes de se tornar comum esse tipo de discurso, como nos dias de hoje.

Esse desejo de Bezos, expressado desde sua formatura no ensino médio, se tornou parte do objetivo principal da Blue Origin, que é o de preservar os recursos naturais da Terra, através da colonização de outros planetas. Na verdade, para Bezos e a Blue Origin, o que importa é que milhões de pessoas possam viver e trabalhar no espaço, seja em Marte, na Lua ou em qualquer outro lugar viável. Bezos já mencionou que acredita que esse objetivo ainda pode demorar para ser atingido, mas que vale a pena ser perseguido e alcançado.

Como na época da fundação da Blue Origin o tempo de Bezos era preciosamente utilizado na condução dos negócios da Amazon, ele contratou o engenheiro aeroespacial Rob Meyerson para dirigir a nova empresa, e este cumpriu sua função de 2003 até 2018.

No início as operações da Blue Origin foram discretas, até o ano de 2006, quando a empresa adquiriu uma grande área no oeste do estado do Texas, nos Estados Unidos. Nessa área seriam construídas as instalações de lançamento e testes. Mesmo assim, a empresa não despertou muito interesse no público e na mídia até o final dos anos 2000.

Depois de ter suas instalações construídas e passar a desenvolver projetos para um voo tripulado, a empresa começou os primeiros testes com foguetes.

Um dos protótipos não tripulados caiu durante um teste em 2011. Apesar de uma queda ser sempre um problema, o fato de que a empresa havia saído do zero poucos anos antes e já estava fazendo testes e colocando protótipos para voar mostrava um avanço incrível, em pouco tempo.

Em 2015, a Blue Origin divulgou o desenvolvimento de um novo foguete para lançamento de naves à órbita terrestre. Também foi divulgado que o primeiro voo tripulado deveria acontecer até o final daquela década. Em novembro daquele ano, uma nave da Blue Origin foi lançada com sucesso, rompeu a linha onde começa o espaço, atingindo uma altitude de pouco mais de 100 quilômetros e voltou em segurança, fazendo um pouso vertical.

Um ano depois, em 2016, Bezos autorizou que um pequeno grupo de jornalistas pudesse entrar nas instalações da Blue Origin para conhecer, filmar e fotografar. Até então, essas instalações eram guardadas com cuidado, para que os progressos ou problemas que estivessem ocorrendo não "vazassem" para o público.

Em 2017, a Blue Origin lançou uma nave ao espaço, levando bonecos no lugar de passageiros. Esse foi um passo importante para completar a fase de testes.

Para levar seus primeiros astronautas ao espaço, a Blue Origin desenvolveu o foguete New Shepard, que tem esse nome em homenagem ao primeiro astronauta americano a ir ao espaço, Alan Shepard.

Como o intuito inicial de Bezos era criar uma linha regular de turismo espacial, em 2018 a Blue Origin anunciou o preço de uma passagem para viver uma aventura espacial a bordo de uma nave da Blue Origin: de 200 a 300 mil dólares. É bastante dinheiro por um passeio de 10 minutos, mas o valor da experiência certamente é inestimável. A ideia é que esses voos comerciais sejam feitos semanalmente e, para isso, Bezos pretende ter uma pequena frota de naves, pronta para atender seus ricos passageiros!

Foguete New Shepard decolando das instalações da Blue Origin no Texas.

Mas apenas em 20 de julho de 2021 foi lançada a primeira nave tripulada da Blue Origin. Nesse dia foram ao espaço, a bordo do foguete New Shepard, quatro astronautas: Jeff Bezos, seu irmão, Mark Bezos, Mary Wallace Funk e Oliver Daemen. Foi um voo suborbital de 10 minutos de duração, lançando a nave e seus tripulantes a uma altitude de 107 km.

Mary Wallace Funk tinha 82 anos de idade na época do voo, e se tornou, então, a pessoa mais velha a ir ao espaço, mas, pouco mais de um ano depois, seu recorde foi quebrado por William Shatner, com 90 anos. Mary havia sido uma experiente piloto e foi a mais jovem de 13 mulheres que participaram do projeto Mercury, o primeiro a enviar astronautas americanos ao espaço. Ela nunca foi escolhida para participar de uma missão da NASA, mas, 60 anos depois, conseguiu realizar seu sonho de ir ao espaço. Mais uma vitória publicitária para Bezos, sempre fazendo o melhor para divulgar a Blue Origin e seus negócios espaciais.

## A nova corrida espacial

Entre os anos 1950 e 1960 houve uma grande movimentação tecnológica nos Estados Unidos e na antiga União Soviética. Foi uma fase conhecida como a corrida espacial, que aconteceu entre esses dois países. A luta ideológica e militar entre as duas superpotências mundiais era travada em vários campos e um dos principais foi no campo espacial. Os governos dos dois países estavam empenhados em mostrar ao público de suas nações e do mundo toda a superioridade política, militar e tecnológica. E não havia nada mais tecnológico do que mostrar a capacidade de levar pessoas ao espaço, em órbita, ou mesmo à Lua, que seria o destino mais difícil e cobiçado.

Os soviéticos saíram na frente, colocando em órbita o primeiro ser humano, o astronauta Yuri Gagarin. Em seguida, os Estados Unidos colocaram em órbita o astronauta Allan Shepard, que se tornou o segundo homem a ir ao espaço e o primeiro americano. Graças ao sucesso da missão de Shepard, o povo americano passou a acreditar que tudo seria possível em matéria de viagens espaciais e que a corrida espacial que se iniciava poderia ser vencida pelos Estados Unidos. Com isso, três semanas depois, o então presidente John F. Kennedy conclamou os Estados Unidos a enviar astronautas à Lua até o final da década de 1960. Esse discurso foi o início de uma fase de grande desenvolvimento no projeto espacial, que culminou com a missão Apollo 11 que, em julho de 1969, pousou em solo lunar, dando a vitória da corrida espacial aos Estados Unidos.

Passadas cinco décadas, estamos vivendo uma nova corrida espacial. Desta vez, no entanto, não são duas superpotências disputando para provar seus ideais e seu poder, mas sim empresas privadas que estão disputando o bilionário negócio espacial. Dentre essas empresas destacam-se a SpaceX, de Elon Musk, a Virgin Galactic, de Richard Branson, e a Blue Origin, de Jeff Bezos.

Esses três empresários possuem algumas coisas em comum: são multibilionários, têm uma paixão pela conquista espacial e estão dispostos a dedicar muitos recursos para transformar seus negócios espaciais em investimentos lucrativos.

Essa nova corrida espacial, sob alguns pontos de vista, pode até mesmo ser considerada mais agressiva do que a que ocorreu entre os Estados Unidos e a União Soviética, uma vez que o ego e a determinação desses empresários mostram que a disputa é real. Jeff Bezos e Elon Musk, que já chegaram a ser amigos, acabaram se tornando inimigos e frequentemente trocam "farpas" pelas redes sociais ou em entrevistas.

Esses três empresários estão claramente priorizando seus negócios espaciais, colocando sua paixão à frente dos interesses empresariais ligados às empresas que os tornaram bilionários.

Bezos, Musk e Branson também demonstram sua preocupação em manter e salvar os recursos naturais do nosso planeta e colocam a exploração e, especialmente, a colonização espacial como uma necessidade para a continuidade da humanidade.

Apesar desse interesse em "salvar a humanidade", os três empreendedores espaciais esperam lucrar muito com isso. E estão concorrendo, especialmente Musk e Bezos, por contratos com a NASA, a agência espacial do governo dos Estados Unidos.

A agência espacial norte-americana mudou sua política e passou a terceirizar o máximo possível. Dessa forma, várias empresas estão disputando frequentemente para conseguir vencer uma concorrência para colocar satélites em órbita, para levar carga e astronautas para a Estação Espacial

Internacional (ISS) ou para participar do retorno à Lua, programado pela NASA para os próximos anos. São contratos milionários disputados por essas empresas.

Atualmente, Elon Musk está bem na frente dessa corrida espacial, pois consegue colocar suas naves em órbita, enquanto Branson e Bezos ainda estão trabalhando com voos suborbitais. Musk já tem contratos firmados com a NASA e já levou astronautas e carga para a Estação Espacial Internacional, além disso, ele consegue colocar satélites em órbita, de maneira comercial e muito lucrativa. Seus clientes são governos e empresas privadas.

Enquanto isso, Bezos e Branson estão focados, pelo menos atualmente, no chamado turismo espacial, coisa que não tem interessado a Elon Musk. A Blue Origin e a Virgin Galactic estão vendendo passagens a pessoas de alto poder aquisitivo, para que possam experimentar o gosto de uma viagem espacial. E nisso Jeff Bezos tem se destacado. Além de estar conseguindo enviar foguetes com "turistas espaciais", ele também tem conseguido manter uma estratégia de marketing muito agressiva e efetiva.

## A maior jogada publicitária da Blue Origin

O grande "golpe de publicidade" de Jeff Bezos aconteceu em 13 de outubro de 2021. Nesse dia, Bezos enviou ao espaço, a bordo da nave New Shephard, ninguém menos do que William Shatner, o "capitão James Kirk" da nave estelar Enterprise, da mais famosa série de ficção científica de todos os tempos, *Jornada nas Estrelas*. Essa foi uma espetacular estratégia de marketing. Shatner é cultuado por milhões de pessoas em todo o mundo e conseguiu atrair ainda mais o interesse da mídia pela Blue Origin e a empreitada espacial de Bezos.

Para completar a estratégia, Bezos produziu um documentário chamado "Shatner in Space", disponível na plataforma de streaming Amazon Prime Video, que, não por coincidência, também pertence a ele!

Nesse documentário, são mostrados todos os preparativos para a viagem, começando anos antes, quando Bezos convidou Shatner para conhecer a Blue Origin. Nessa ocasião, Bezos sondou Shatner sobre a possibilidade de ele ir ao espaço em uma nave da Blue Origin.

Ainda no documentário, é possível ver como Shatner e os outros passageiros da nave se prepararam para a viagem, a ansiedade que sentiram, além da curiosidade e do medo. Mostra os principais momentos da viagem, desde o lançamento até a volta à Terra e a divertida experiência de ficar alguns minutos em gravidade zero. O documentário é muito interessante e uma poderosa peça publicitária para Bezos e a Blue Origin.

Jeff Bezos envia ao espaço William Shatner, ator que interpretou o icônico "capitão James Kirk" na série "Jornada nas Estrelas", que aparece na foto ao lado dos demais passageiros da nave New Shepard.

A viagem de William Shatner ao espaço, em um voo suborbital, durou apenas cerca de 10 minutos, mas foi um marco publicitário para Bezos. Além de a Blue Origin enviar o "Capitão Kirk" ao espaço, também foi batido um recorde: com 90 anos de idade, William Shatner se tornou o homem mais velho a ir ao espaço. Essa publicidade foi muito valiosa para os projetos futuros de Jeff Bezos com a Blue Origin.

## As espaçonaves da Blue Origin

### New Shepard

O primeiro foguete totalmente viável desenvolvido pela Blue Origin, tanto sob o aspecto técnico como o comercial, foi o New Shepard. Ele é completamente reutilizável e tem capacidade para até 6 passageiros. Na cápsula onde ficam os astronautas há 6 grandes janelas, para que os passageiros possam apreciar o passeio com a melhor vista possível.

Essa nave tem como objetivo principal levar ao espaço, em voos suborbitais, o maior número possível de turistas espaciais. É um veículo espacial que decola e pousa na vertical, e leva a cápsula com os astronautas a uma altura superior a 100 km. O objetivo dos voos é o turismo espacial e os passageiros podem, por alguns minutos, experimentar a falta de gravidade na cabine.

Foguete reutilizável New Shepard no momento de aterrissagem.

O New Shepard é um foguete de um estágio, com 18 metros de altura e seus motores utilizam como combustível uma mistura de oxigênio e hidrogênio líquidos. Ele foi exaustivamente testado entre os anos de 2015 e 2021, quando foi considerado seguro para viagens tripuladas. Naquele ano ocorreu a primeira viagem tripulada em um foguete New Shepard, sendo um de seus passageiros o próprio Jeff Bezos.

Em sua trajetória, desde o início dos testes até os dias de hoje, a Blue Origin já produziu quatro modelos New Shepard.

### New Glenn

O New Glenn é a aposta de Bezos para o futuro próximo. O foguete foi batizado em homenagem ao astronauta americano Jonh Glenn, um dos pioneiros no espaço. Ele foi o terceiro astronauta americano a ir ao espaço e o primeiro a dar três órbitas completas no nosso planeta. Também chegou a ser o homem mais velho a ir ao espaço quando, aos 77 anos de idade, retornou ao Cosmos em um voo do ônibus espacial, em outubro de 1998.

O foguete New Glenn tem muito pouco em comum com seu "irmão", o New Shepard. Ele é um foguete com capacidade para entrar em órbita e ir além, se necessário, podendo realizar missões na Lua e em Marte. É uma nave com grande capacidade de transporte de carga ou passageiros, e pretende concorrer com o Falcon Heavy, da SpaceX.

Foguete New Glenn, a aposta de Jeff Bezos na nova corrida espacial. Foguete ainda em desenvolvimento, imagem ilustrativa.

Até o momento, o New Glenn ainda é um foguete em desenvolvimento. Seu primeiro voo, que deveria ter ocorrido em 2021, já foi adiado algumas vezes e a previsão mais recente é que só aconteça em 2024, no Cabo Canaveral, no estado da Flórida, nos Estados Unidos. A Nasa já fechou uma parceria com a Blue Origin para uma futura missão em Marte, utilizando o New Glenn, mesmo que este ainda não tenha sido concluído ou testado.

O New Glenn é um foguete de dois estágios, sendo que o primeiro é reutilizável para até 25 missões no espaço. A nave é um gigante de 98 metros de altura e será o maior foguete em operação no mundo, se comparado a qualquer foguete atualmente em uso. Para se ter uma ideia, o Falcon Heavy, maior nave em operação da SpaceX, tem 70 metros de altura, ou seja, 28 metros a menos do que o New Glenn. O diâmetro interno do foguete também impressiona: 7 metros. É bem mais do que os outros foguetes de carga em uso atualmente. Seus motores utilizam como combustível uma mistura de metano com oxigênio líquido.

Com a grande capacidade de carga, a reutilização do primeiro estágio e a tecnologia que permite maior eficiência, os custos para envio de pessoas e carga ao espaço, utilizando o New Glenn, serão muito competitivos em relação às outras opções de envio, oferecidas por empresas como a SpaceX ou mesmo por governos como o da Rússia.

### Orbital Reef – estação espacial orbital

Talvez este seja o mais ambicioso projeto de Jeff Bezos para a Blue Origin. A Orbital Reef será uma estação espacial orbital, construída em parceria com outras empresas do setor aeroespacial e de tecnologia. Sierra Space, Boing, RedWire, Genesis Engeneering, ASU e até empresas do grupo Amazon, como a AWS (Amazon Web Services), participam desse projeto, que pretende colocar a Orbital Reef no espaço até o final desta década.

A proposta dessa estação orbital é criar um local tanto para trabalho quanto para turismo. É uma estação espacial comercial, onde haverá espaço para diferentes empresas e organizações desenvolverem seus trabalhos, assim como uma área destinada ao turismo espacial. Será um local para pesquisas, produção e turismo.

O projeto da Orbital Reef começou com a parceria entre a Blue Origin e a Sierra Space. Essas duas empresas têm o conhecimento necessário para desenvolver a maior parte desse projeto ambicioso, que ainda conta com outras empresas para o seu desenvolvimento e aprimoramento. A estação espacial da Blue Origin é um dos projetos mais ambiciosos de Jeff Bezos, que tem se dedicado muito mais aos seus negócios espaciais desde que deixou de ser o CEO da Amazon. Ele vê a Blue Origin como sua maior missão no momento.

> O grande "golpe de publicidade" de Jeff Bezos para a Blue Origin foi enviar ao espaço William Shatner, o capitão James Kirk da série "Jornada nas Estrelas".

# 8

## As inovações da Amazon – Kindle e Alexa

Desde que a Amazon começou a operar, Jeff Bezos já vislumbrava que a então livraria virtual se tornaria uma grande varejista, que venderia praticamente tudo que fosse comercializado no mundo. Entretanto, suas ambições de vender e entregar todos os tipos de produtos esbarraram em alguns desejos de Bezos: vender alguns produtos que ainda não existiam ou que não existiam da maneira como ele os concebia.

Essa foi a origem de dois produtos desenvolvidos pela própria Amazon: o Kindle, o mais conhecido leitor dedicado de e-books do mundo e a Alexa, uma assistente virtual que se tornou febre nos Estados Unidos e está se espalhando pelo mundo.

O Kindle e a Alexa foram dois grandes marcos na história da Amazon e na vida de Jeff Bezos. O aumento do faturamento do e-commerce da Amazon devido a esses dois dispositivos foi gigantesco. Com o Kindle, o negócio de e-books da Amazon ganhou uma escala impressionante e o mercado que a Alexa encontrou era pouco explorado.

Podemos traçar um paralelo interessante entre esses produtos revolucionários lançados por Jeff Bezos e alguns produtos que também revolucionaram o mundo, idealizados por Steve Jobs, da Apple. Temos como exemplos o Iphone e o Ipad. Ambos foram criados para mudar os hábitos do público consumidor, da mesma forma que a Alexa e o Kindle, de Bezos. Produtos como esses têm o potencial de mudar uma empresa de patamar, em pouquíssimo tempo, no que diz respeito a faturamento, credibilidade e valor de mercado.

## Kindle

A Amazon nasceu como livraria on-line e se tornou também a maior loja de livros digitais do planeta, com um acervo gigantesco e sem igual de livros físicos, e-books e audiolivros. Além de negociar com as principais editoras dos Estados Unidos e do resto do mundo para comercializar seus catálogos no formato virtual, a Amazon criou um sistema de *self-publishing* (autopublicação) de livros digitais. Esse sistema permite que autores independentes coloquem à venda seus trabalhos, no formato digital, sem custo. Com isso essas obras passam a ser vendidas pela Amazon, que repassa parte do valor de cada e-book comercializado para seu autor, de maneira simples e descomplicada. Esse formato de publicação permitiu à Amazon aumentar rapidamente o número de livros digitais disponível em seu acervo, e também se tornou a "porta de entrada" do mercado editorial para milhares de novos escritores.

Pensando em uma solução completa para a compra e o consumo dos livros no formato digital, Bezos idealizou um leitor dedicado para e-books (ou livros digitais) e com isso nasceu o Kindle, que até os dias de hoje é a maior referência nesse tipo de dispositivo, considerado um grande marco para a difusão de livros digitais. Um produto inovador e com uma proposta incrível de integração com a plataforma de vendas de livros digitais da Amazon.

O dispositivo foi desenvolvido pela empresa Lab126, uma subsidiária da Amazon estabelecida no estado da Califórnia, nos Estados Unidos, criada para desenvolver produtos inovadores para a empresa de Jeff Bezos. O projeto que acabou criando o Kindle começou com o nome de Projeto Fiona. Além de ter criado o Kindle, a Lab126 também é a responsável pelo desenvolvimento e aprimoramento do dispositivo e o lançamento das novas versões do aparelho.

A Lab126 faz um incrível trabalho de aprimoramento da tecnologia utilizada nas telas do Kindle. Essa tecnologia inovadora, conhecida como e-ink (ou tinta eletrônica) faz com que o texto na tela fique muito parecido ao do papel impresso, permitindo que a tela do dispositivo não precise necessariamente ter uma iluminação por trás, o que deixa a leitura mais confortável. Essa tecnologia utiliza pigmentos brancos e pretos que são magnetizados na tela e conseguem fazer uma boa imitação da tinta impressa. Para ter a iluminação atrás da tela (ou retroiluminação), o Kindle conta com uma fita de leds que proporcionam a iluminação para quem refere ler em ambientes mais escuros ou simplesmente por uma questão de preferência.

Kindle, aparelho que revolucionou a leitura e o mercado de livros digitais.

Criado em 2007, o Kindle foi considerado um produto revolucionário. Em suas primeiras gerações, o aparelho contava com um teclado completo e uma tela de LCD, sensível ao toque, conhecida como *touchpad*. Era como se fosse um *tablet* com teclado! As versões mais modernas já não possuem o teclado e realmente se parecem com um *tablet*. O Kindle, na verdade, é um *tablet* que funciona apenas para a leitura de livros digitais.

Além de ser um produto revolucionário, o Kindle foi responsável por uma importante fase de crescimento da Amazon e da fortuna pessoal de Jeff Bezos, que saltou de 1,5 bilhão de dólares para cerca de 8 bilhões de dólares pouco depois do seu lançamento.

Em 2012, o Kindle chegou ao Brasil, em sua quinta versão, e lentamente foi conquistando cada vez mais usuários, apesar do fato de que o comércio de livros digitais ainda é muito pequeno em comparação ao montante vendido de livros físicos. Atualmente, o Kindle já está em sua 11ª geração, que tem maior capacidade de armazenamento e uma melhor definição de imagem, deixando a leitura mais confortável do que nas versões anteriores do aparelho.

A tecnologia do Kindle, como era de se esperar, evoluiu consideravelmente com o passar dos anos. Capacidade de memória, telas com leitura mais agradável e muitas funções novas foram criadas.

A Amazon disponibiliza para a venda vários modelos, cada um com características próprias que os diferenciam, sendo que, como em qualquer outro produto, existem os modelos mais caros, com mais recursos, e os mais básicos, com preços mais acessíveis.

O Kindle é, sem dúvida, um produto revolucionário. Até mesmo aqueles que não aderiram ao uso desse dispositivo concordam que ele é uma forma totalmente nova e revolucionária de leitura. Os primeiros modelos desse leitor eletrônico tinham uma tela com brilho mais intenso, que deixava a leitura um pouco "desconfortável". Os modelos atuais dispõem de telas com e sem iluminação, o que facilita a leitura de um e-book e a deixa muito próxima à experiência de ler um livro físico, de papel. Através do Kindle é possível baixar e começar a ler livros em questão de segundos. É possível mudar o tamanho das letras, a fonte, marcar trechos, como se faz em um livro físico, e ainda pesquisar trechos dentro do livro. Essas são algumas das muitas características e funções do Kindle, que fazem com que a experiência da leitura seja bem diferente da que se tem em livros impressos.

## Alexa

Alexa é o nome do software de inteligência artificial criado pela Amazon e que integra uma linha de caixas de som wi-fi da marca Echo. A sinergia da Alexa com as caixas Echo foi tão grande que muitas pessoas não só associam a Alexa às caixas da Echo, como acabam confundindo os dois, pensando que são a mesma coisa.

A Alexa é um dispositivo digital criado para ser um assistente, assim como a Siri da Apple ou o Google Assistant. Além do software da Alexa, foi desenvolvida uma linha de hardware, dispositivos físicos dedicados para dar suporte ao software da Alexa. Esses dispositivos estão se tornando peças cada vez mais comuns em casas de todo o mundo.

Apesar da Amazon não revelar números, estima-se que milhões de Alexas estejam em lares nos Estados Unidos, no Brasil e no mundo. O seu uso está sendo cada vez mais difundido, isso por que a tecnologia de voz, algo que era mais parecido com ficção científica há duas décadas, está crescendo, tornando-se mais presente na vida das pessoas e facilitando tarefas simples do dia a dia.

Caixas de som Echo, fabricadas pela Amazon. Dispositivos dedicados ao software da Alexa.

O dispositivo físico, dotado de um software com comando por voz, é capaz de responder e fornecer informações aos usuários, e também, utilizando o sistema wi-fi, pode controlar luzes e equipamentos em uma casa, sendo ativado por um simples comando de voz. "Alexa, acenda a luz", "Alexa, ligue o som", "Alexa, abra a persiana" e muitos outros comandos como estes, são prontamente atendidos pela assistente virtual da Amazon, em milhões de lares no mundo todo. Ela pode manter conversações simples e fornecer informações das mais diversas, com base no que conseguir encontrar na web, e fazer pesquisas na Internet, com um simples comando de voz.

A Alexa é capaz de executar muitas funções de gerenciamento doméstico, e também tem funções de entretenimento, como acesso a vários jogos e ao seu streaming de música, entre outros. Com ela você pode ouvir audiobooks e podcasts, e fazer pesquisas no Google ou na Wikipedia com um simples comando de voz!

Existem diversos modelos de dispositivos inteligentes, equipados com o software da Alexa. Os dispositivos fabricados pela própria Amazon são os mais procurados, mas há diversos outros, feitos em parceria com outras marcas, como o caso da Samsung, que equipa alguns de seus modelos de smart TV com a Alexa.

Não podemos esquecer que a Alexa é um dispositivo on-line e em toda a comunicação dela na Internet, para fazer pesquisas ou qualquer tarefa que exija navegação, ela se conecta com os bancos de dados da Amazon, o *cloud computing* da AWS (Amazon Web Services). Outra característica importante da Alexa é sua capacidade de manter total privacidade sobre tudo que faz. Ou seja, se você quiser, ela não responderá perguntas de outras pessoas, como "o que foi pedido para você hoje?" ou "quais foram as ligações telefônicas que você fez hoje?". Desta forma, quando você não estiver em casa, ninguém conseguirá obter dela informações privadas suas!

A Alexa foi desenvolvida para ser um dispositivo completo, definitivo para as "casas do futuro" (que já estão no presente!). Além de ser uma assistente para executar tarefas como as citadas acima, ela também tem a função de reproduzir músicas, ou seja, ser o "aparelho de som" da casa. Com ela também é possível escolher filmes na TV apenas com comandos de voz, enviar mensagens, fazer ligações telefônicas, pedir Uber ou comida por aplicativos, ouvir notícias ou a previsão do tempo e controlar qualquer tipo de aparelho, desde que sejam aparelhos conectáveis pelo sistema wi-fi.

Resumidamente, ela pode controlar a grande maioria das tarefas domésticas e ser uma assistente verdadeiramente útil para os donos da casa.

A Alexa foi criada partindo de um princípio básico de todas as operações de Jeff Bezos: foco total no cliente. O que a Amazon procura fazer, assim como outras empresas que concentram seus esforços no cliente, é descobrir o que os consumidores realmente desejam e, tendo essa informação, encontrar uma forma para produzir e entregar esses produtos.

Jeff Bezos acredita que estamos vivendo a era do *voice commerce*, o "comércio por voz". Isso porque é muito prático simplesmente perguntar "Alexa, quais promoções você indica?" e receber imediatamente, por voz, as melhores ofertas de produtos personalizadas para você, ou falar "Alexa, eu quero comprar um telefone celular na Amazon" (ou em qualquer outra loja!) e começar o processo de compra. Isso é possível, pois, com a Alexa, você pode navegar, escolher e realizar compras. Com isso, a experiência de navegação e compra por voz se transforma em algo personalizado e muito prático. A Amazon aposta que a navegação e as compras por voz vão aumentar rapidamente, ou seja, a Amazon vende a Alexa e, com isso, aumenta as vendas de outros produtos que são comprados através da própria Alexa!

Um fato curioso sobre a Alexa diz respeito ao início. O projeto que deu origem à Alexa que conhecemos hoje, nasceu do projeto de Jeff Bezos para produzir caixas de som inteligentes. Entretanto, o software de Inteligência Artificial (I.A.) criado inicialmente apenas para controlar as funções das caixas de som Echo foi aprimorado. Com isso, a equipe que conduzia o projeto vislumbrou a oportunidade de criar um dispositivo muito mais abrangente e inovador. Essa "evolução" das caixas de som Amazon Echo acabou por dar início à produção da revolucionária Alexa.

> O Kindle e a Alexa foram grandes marcos na história da Amazon e na vida de Jeff Bezos, devido ao aumento do faturamento que eles proporcionaram.

# 9

# Amazon Prime Video e Amazon Studios – a Amazon no mercado de streaming, filmes e séries

O serviço de streaming de vídeos da Amazon, atualmente disponível em mais de 200 países, tornou-se referência no mundo on-line, ao lado da Netflix, da Apple +, Disney + e muitos outros gigantes do entretenimento. Através do Prime Video, a Amazon oferece filmes de cinema, programas e séries de televisão e produções próprias de séries e filmes.

O público pode assistir ao conteúdo pagando uma assinatura mensal da Amazon Prime Video, que também dá direito a frete grátis para um número muito grande de produtos vendidos pela Amazon. Ou seja, você assina a Amazon Prime Video e pode comprar produtos no e-commerce da Amazon sem cobrança de frete. A conta feita pela maioria das pessoas que já são clientes do varejo da Amazon é que a assinatura do Prime Video acaba saindo de graça. Entretanto, alguns títulos de filmes só ficam disponíveis para locação, pelo menos por um período após o lançamento no cinema. Essa é uma estratégia para não "queimar" filmes que estejam em cartaz nos cinemas.

O serviço da Amazon começou em setembro de 2006, com o nome de "Amazon Unbox", passando a se chamar "Amazon Video on Demand", em 2008, e "Amazon Instant Video", em 2012. Em 2015, a palavra "Instant" foi retirada do nome da empresa, passando a se chamar apenas "Amazon Video".

Em 2011, a Amazon assinou um contrato com um canal de TV paga nos Estados Unidos e passou a oferecer mais de 5.000 filmes e programas de TV. Esse movimento foi decisivo para que a streaming de Jeff Bezos acirrasse a sua concorrência com o primeiro gigante do streaming mundial, a Netflix.

Em novembro de 2013, a Amazon Video passou a disponibilizar séries próprias, começando a criar conteúdo exclusivo. Isso fez com que a base de assinantes da Amazon Prime Video passasse a aumentar com maior velocidade.

Em 2016, aconteceu o grande crescimento global da Amazon Video, que passou a Amazon Prime Video, ou simplesmente, Prime Video. O serviço foi disponibilizado em dezenas de países, entre eles, o Brasil. O lançamento mundial da plataforma excluiu apenas Rússia, China, Síria, Cuba e Coreia do Norte, que continuam não contando com o serviço até os dias de hoje.

Com séries exclusivas e séries famosas de outras produtoras, o serviço cresceu rapidamente no Brasil, entretanto, a Amazon Video ainda luta por um aumento da sua participação de mercado, pois a Netflix continua dominando o serviço de streaming no Brasil. Mesmo assim, o crescimento do Prime Video no Brasil foi tão expressivo que, em 2019, a Amazon inaugurou no Rio de Janeiro seu primeiro escritório da divisão Prime Video fora dos Estados Unidos.

Em 2021, durante a pandemia de Covid-19, a Amazon Prime Video tornou-se o serviço de streaming no Brasil com o maior número de filmes disponíveis.

Nesse mesmo ano, devido à pandemia, a Prime Video disponibilizou acesso gratuito a séries e filmes infantis no Brasil e também fez alguns lançamentos de filme simultaneamente com os cinemas. Outro diferencial que a Amazon soube explorar muito bem durante a pandemia foi a parceria com o canal Premiere, da Globo. A plataforma da Amazon foi usada em junho de 2021 para transmitir o Campeonato Brasileiro de futebol, séries A e B, a Copa do Brasil e os campeonatos de quatro estados.

Atualmente o serviço de streaming Amazon Prime conta com cerca de 200 milhões de assinantes em todo o mundo, rivalizando com o Netflix, que conta com cerca de 220 milhões de assinantes.

## Amazon Studios

A Amazon Studios é uma subsidiária da Amazon, criada em 2010, que produz e distribui séries e filmes. A distribuição do conteúdo produzido é feita principalmente pela Amazon Prime Video e esse conteúdo concorre diretamente com as produtoras dos principais serviços de streaming, como Netflix e Apple TV, entre outros, mas também concorre com o conteúdo produzido por grandes estúdios de cinema de Hollywood.

Nos primórdios da Amazon Studios, em uma iniciativa inovadora, o estúdio aceitava *scripts* para séries de TV e filmes, que podiam ser enviados on-line. Os textos eram lidos e avaliados, e se um *script* fosse escolhido para uma possível produção, o autor recebia dez mil dólares, e se fosse realmente usado para a produção de um filme, o criador do *script* recebia duzentos mil dólares. O número de *scripts* recebidos foi tão grande que depois de pouco mais de um ano a Amazon Studios deixou de aceitar novos materiais.

Inicialmente a Amazon Studios só produzia conteúdo de séries para exibição exclusiva no Prime Video, entretanto, em 2008, as produções do estúdio passaram a contar com filmes, sendo o primeiro, *The Stolen Child*, produzido em parceria com o estúdio de cinema 20th Century Fox. Em 2015, veio a primeira produção original exclusiva de um filme, do diretor Spike Lee. Em 2016, com o crescimento da produção de filmes, a Amazon Studios concentrou essa produção na Prime Movies.

A Amazon Studios foi o primeiro estúdio de streaming a ter uma indicação ao Oscar por um filme original. No início das produções originais dos estúdios dos serviços de streaming, as premiações para filmes produzidos por eles, por melhores que fossem, ainda não eram levadas a sério pelo mundo das premiações de Hollywood, entretanto, essa realidade mudou e os grandes estúdios de streaming, como o da Amazon e o do Netflix, têm obtido um reconhecimento cada vez mais expressivo nas premiações.

Além de produzir seus filmes, a Amazon Studios ampliou o seu catálogo comprando os direitos de filmes consagrados, como ocorreu em 2017 com a aquisição dos direitos para a TV de *O Senhor dos Anéis*, por 250 milhões de dólares.

Pensando em aumentar rapidamente o conteúdo e a produção de filmes, em 2022, Jeff Bezos incorporou à Amazon Studios a MGM Studios, um dos maiores estúdios de cinema de Hollywood, pelo valor de 8,5 bilhões de dólares. Com essa aquisição, o acervo cinematográfico da Amazon deu um enorme salto quantitativo e qualitativo. Títulos consagrados como os das franquias James Bond e Rocky passaram para o controle de Jeff Bezos.

Como estratégia de marketing, a aquisição da MGM também foi um "golpe de mestre". Fundada há mais de 100 anos, a MGM é um dos maiores e mais tradicionais estúdios de cinema de Hollywood. A aquisição da MGM aumentou o catálogo da Amazon Studios em mais de 17.000 episódios de séries e 4.000 filmes. A marca desse gigante do cinema agrega muito valor à própria marca da Amazon, da Amazon Studios e de seu serviço de streaming, Prime Video. A aquisição da MGM, um dos ícones de Hollywood, consolida os esforços de Bezos na indústria do entretenimento.

Atualmente a distribuição das produções da Amazon Studios e MGM Studios é feita, nos Estados Unidos, através da Prime Vídeo, de outros serviços de streaming e distribuidoras de filmes para o circuito de cinemas. Fora dos Estados Unidos a Amazon Studios conta com parcerias na distribuição que acontecem em vários países

# 10

## *The Washington Post* – investindo na mídia

O *Washington Post* é uma das maiores referências jornalísticas dos Estados Unidos e do mundo, ao lado do *New York Times*. Esses dois jornais sempre nortearam o jornalismo americano. Em 2013, Jeff Bezos adquiriu o periódico por 250 milhões de dólares, e declarou que a operação de compra foi simples e rápida. A negociação foi feita através do então CEO do jornal, Donald Graham. Graham não era "apenas" mais um CEO entre muitos que o *Washington Post* teve desde sua fundação, no século XIX. Ele é membro da família que comprou o jornal em 1933. Na reunião que Jeff Bezos teve com Donald Graham, na qual foi decidida a operação de venda do jornal, Bezos simplesmente perguntou quanto Graham queria pelo jornal, e ouviu que o valor seria 250 milhões de dólares. Bezos concordou prontamente, sem sequer fazer uma contraproposta.

Em uma entrevista ao programa *60 minutes*, Jeff Bezos disse que não estava pensando em comprar o jornal. Disse que conhecia Donald Graham havia alguns anos e que este perguntou a Bezos se haveria interesse na aquisição do *Washington Post*. Ele ficou surpreso com a oferta e se perguntou por que deveria comprar o jornal, se seria ou não um bom negócio.

Até aquele momento, Jeff Bezos não conhecia muita coisa sobre o ramo de notícias. Seu raciocínio, que o levou a realizar a compra, foi o de que um negócio que estava sendo "destruído" pela Internet, poderia ser reerguido por alguém com um grande conhecimento da Internet. Esse conhecimento específico de Bezos poderia ser muito útil para reestruturar toda a operação do jornal. Depois de muitas conversas com Graham, Bezos ficou convencido de que poderia criar um novo modelo de negócios para o *Washington Post*, que fosse economicamente viável e lucrativo.

Em uma entrevista concedida em 2013, ano da compra do jornal por Jeff Bezos, Donald Graham disse que antes da concretização da venda o jornal já estava implantando grandes inovações, lutando contra a concorrência da Internet. Entretanto, por sete anos consecutivos a receita do jornal continuava a cair, o que fazia com que a possibilidade de venda para Jeff Bezos fosse vista como uma proposta irrecusável.

Nessa época a Internet já estava "passando por cima" dos jornais tradicionais impressos. O modelo de negócios dos jornais já não funcionava mais. Segundo Bezos, a Internet havia acabado com todas as vantagens dos jornais locais, como o caso do *Washington Post*. Apesar disso, a aquisição do jornal foi uma jogada realmente inteligente. O que Jeff Bezos comprou não foi um jornal local tradicional, com o intuito de fazer com que ele voltasse a vender bem nos moldes antigos. Bezos comprou uma empresa com grandes talentos jornalísticos e de mídia. O que contava era a produção do conteúdo jornalístico de qualidade que poderia ser usado na Internet de muitas maneiras diferentes. Segundo Bezos comentou em uma de suas entrevistas, o *Washington Post* tinha muitas pessoas talentosas que poderiam ser aproveitadas e que o segredo para que o jornal tivesse sucesso como empresa novamente era a Internet.

Com isso ele promoveu uma total reestruturação, tornando o *Washington Post* uma verdadeira empresa de mídia on-line. Em apenas três anos após a compra, em 2016, o jornal voltou a ser uma empresa lucrativa. A união de uma empresa com grande capacidade de produção de conteúdo com o gênio da Internet causou uma verdadeira revolução no jornal. Bezos provou que jornais são viáveis, tanto ou mais do que na era pré-internet, mas a forma de entregar a notícia realmente precisava ser mudada. Mais uma vez, Bezos conseguia transformar uma ideia em realidade empresarial lucrativa.

A compra foi feita por uma empresa de investimentos de Bezos, a Nash Holdings. Ele anunciou a compra em agosto de 2013 e em 1º de outubro de 2013, a Nash Holdings assumiu o controle do tradicional jornal americano fundado em 1877 e controlado nos últimos 80 anos pela família Meyer-Graham.

O processo de compra do *Washington Post* por Bezos foi acompanhado de perto pela imprensa americana e mundial. Essa operação despertou grandes inimizades para Bezos. Outros bilionários americanos acabaram ficando "enciumados" e parte da imprensa acusou Bezos de comprar o *Post* apenas para ter influência política.

O ex-presidente dos Estados Unidos, Donald Trump, no ano de 2016, quando era candidato à presidência, não poupou acusações a Jeff Bezos. Trump afirmou que Bezos só teria comprado o *Washington Post* para ter influência política e o ameaçou, dizendo que em sua administração, caso ganhasse as eleições, Bezos teria sérios problemas com o governo. Mas para a infelicidade de Donald Trump, Bezos não só comprou o jornal, como o transformou em uma empresa lucrativa, além de aumentar o poder influenciador do periódico, que passou a ser lido por um público muito maior.

Poucos empresários "encaram" ter como inimigo um presidente e Trump mostraria ser uma pessoa bem difícil. Entretanto, Bezos se manteve na posição de "quem não deve, não teme!" e não recuou diante de Donald Trump. Como empresários, e mesmo como seres humanos, Bezos e Trump não poderiam ter estilos mais diferentes. Ainda assim, o Governo Trump veio e se foi e Jeff Bezos seguiu em frente no seu caminho, tanto no *Washington Post* e na Amazon, como em qualquer dos seus outros negócios.

O *Washington Post* tem uma história muito interessante e faz parte da cultura dos Estados Unidos. Ele foi impresso pela primeira vez no dia 6 de dezembro de 1877, com uma tiragem de 10.000 exemplares. Atualmente ele é um jornal diário, com tiragem média de 160.000 exemplares. Ele é o sexto jornal em número de cópias em circulação. Entretanto, ele tem cerca de 2,5 milhões de assinantes, sendo que a grande maioria opta por ler seu conteúdo no formato digital. Em 2022, o faturamento do jornal chegou a 600 milhões de dólares.

O *Washington Post* tornou-se famoso por diversos furos jornalísticos durante mais de um século de existência, mas, provavelmente, o furo mais polêmico de sua rica história tenha sido o escândalo de Watergate, em 1970. A reportagem publicada pelo jornal trouxe à tona fatos ilegais ligados ao então presidente dos Estados Unidos, Richard Nixon, e que acabaram levando o presidente a renunciar ao seu mandato e ainda correr o risco de ser condenado pela justiça. Os jornalistas responsáveis pelo furo que levou à renúncia do presidente Nixon, Bob Woodward e Carl Bernstein, deram ao *Washington Post* o prêmio Pulitzer, o "Oscar" do jornalismo nos Estados Unidos. Esse furo jornalístico, o maior da história de qualquer jornal norte-americano, foi mostrado em um filme de grande sucesso nos cinemas, *All the President's Men* (*Todos os homens do presidente*), de 1976, estrelado pelos grandes ícones do cinema norte-americano, Robert Redford e Dustin Hoffman, nos papéis dos repórteres investigadores Bob Woodward e Carl Bernstein.

O jornal tem a impressionante marca de ter vencido o prêmio Pulitzer 65 vezes, ficando atrás apenas do *The New York Times*. O *Washington Post* também já venceu diversas vezes outros prêmios jornalísticos de relevância, como o White House News Photographers Association Awards, que ganhou mais de 360 vezes.

Poucos meses após a compra do jornal, em março de 2014, Bezos começou a implantar grandes mudanças na empresa de mídia, especialmente mudando o modo como era feito o acesso pago on-line. Mas as maiores mudanças vieram em 2016, quando Bezos criou um plano para reinventar o jornal como uma empresa de mídia, utilizando a tecnologia para novas plataformas de acesso pago, acesso por dispositivos móveis e melhoria nos sistemas e softwares da empresa.

Quando Bezos comprou o *Washington Post*, ele não estava procurando um investimento com retorno rápido. Foi uma aposta de longo prazo. Ele sabia que não teria lucros rapidamente, mas queria investir no *Post* para que o jornal pudesse se transformar em um negócio sustentável e lucrativo, o que é o maior desafio para jornais e empresas de mídia. Bezos sabia que com o *Post* teria uma estrutura de produção de notícias de alta qualidade.

Antes de se decidir pela compra do *Washington Post*, Bezos analisou o modelo de negócios e constatou o óbvio: todos os pilares básicos que davam sustentação ao negócio haviam colapsado. A empresa estava sofrendo muito com as "pancadas" que a Internet estava desferindo no jornal. O *Post* tentou fazer algumas inovações tecnológicas, mas se mantinha fiel a um modelo de negócios que não tinha mais a menor viabilidade econômica. Entretanto, ele também constatou que o jornal poderia se beneficiar do seu "inimigo", a Internet.

O maior benefício da utilização mais efetiva da Internet para o jornal seria conseguir aumentar a distribuição em todo o mundo com um pequeno aumento de custo. Isso possibilitaria a retomada da lucratividade do *Washington Post* que, pelo seu modelo de negócios tradicional, era basicamente um jornal regional, mesmo que com muito conteúdo jornalístico relevante e de interesse nacional.

Além disso, o periódico tem um dos nomes mais fortes no jornalismo e é conhecido mundialmente, mesmo que não fosse lido em todo o mundo. Mas Bezos sabia que poderia capitalizar com o nome forte e o conteúdo jornalístico do *Washington Post*, desde que um novo modelo de negócios fosse criado, baseado na Internet e na pulverização do conteúdo do jornal por todo o território norte-americano e por todo o mundo.

Uma frase dita por Bezos resume bem a sua forma de pensar sobre o negócio que fez ao comprar o *Washington Post*. Na época da compra ele disse, em tradução livre: "A Internet está transformando cada elemento do negócio de notícias. Nós vamos precisar inventar (um novo modelo), o que significa experimentar".

Apesar de mudar drasticamente o modelo de negócios do *Post*, Jeff Bezos não assumiu diretamente a função de gestão da empresa. No início ele esteve mais engajado, fazendo reuniões com o pessoal ligado à gestão e produção jornalística. Depois, aos poucos, ele foi se afastando, deixando que a nova estrutura do jornal caminhasse sozinha. Ele nem mesmo se mudou para Washington para ficar mais perto e acompanhar diariamente as grandes mudanças que havia iniciado no jornal. Continuou morando em Seattle e administrando de perto a Amazon, mas orientando à distância a gestão do jornal.

A nova administração, sob orientação pessoal de Bezos, com foco na tecnologia, na produção e veiculação de conteúdo on-line, fez com que o jornal, depois de muitos anos de prejuízo declarado pela antiga administração, registrasse lucro em 2016, pela primeira vez, três anos após Bezos assumir as operações do jornal.

> Bezos provou que jornais são viáveis, tanto ou mais do que na era pré-internet, mas a forma de entregar a notícia realmente precisava ser mudada.

# 11

# Amazon Web Services – *Cloud Computing* e TI

A Amazon Web Services (AWS) é uma subsidiária da Amazon, criada em 2002 e que inicialmente se destinava à coleta de dados, compilação e produção de estatísticas para sites e serviços na Internet. A AWS talvez seja a parte mais importante de todo o intrincado e bilionário grupo de empresas de Jeff Bezos. Isso porque a AWS é líder de mercado em um segmento que gera bilhões de dólares em lucros anualmente. É uma empresa muito mais lucrativa que as demais do grupo de Bezos, incluindo o e-commerce da Amazon, a Amazon Prime Video e todas as demais empresas do grupo. A Amazon Web Services, atualmente, responde por mais de 60% de todo o lucro das empresas do grupo Amazon, o que representa mais de 50 bilhões de dólares por ano. É, de longe, a empresa mais lucrativa de Jeff Bezos e também a mais estratégica do grupo.

A ideia começou em 2003, durante uma reunião na casa de Jeff Bezos. Com o crescimento do e-commerce da Amazon, a empresa estava começando a ter dificuldade em administrar seus servidores internos e a necessidade do aumento do número de servidores era cada vez maior e crucial para o sucesso de toda a operação de *e-commerce*. Com isso, a ideia de ter uma empresa voltada para o segmento de *cloud computing* parecia boa e, ainda, poderia ser um negócio interessante ter esse serviço para que fosse utilizado por todas as empresas do grupo de Bezos e que também fosse oferecido a terceiros, criando assim um novo negócio para o grupo Amazon. A ideia foi sendo transformada em um projeto que seria implantado alguns anos depois.

Com o crescimento do *cloud computing* (computação na nuvem), a partir de 2016 a empresa passou a oferecer esse tipo de serviço e acabou se tornando um gigante no segmento de armazenamento de dados e disponibilização de plataformas que são utilizadas por empresas e até mesmo governos de vários países e estados. Mas o foco principal da Amazon Web Services é fazer gestão de tráfego na Internet e ajudar varejistas a construir suas próprias lojas virtuais.

E o que é exatamente o *cloud computin*? Para entender melhor, primeiro é preciso saber que todos os dados de computadores precisam ser armazenados em algum lugar. Desde o início da informática, são usados servidores (aparelhos construídos para serem "memórias" gigantes) para esse armazenamento. Esses servidores são aparelhos caros que, quanto maior a capacidade de armazenamento, maior o custo do servidor e manutenção.

O *cloud computin* ou, como se diz em português, o "armazenamento na nuvem", é quando uma empresa disponibiliza servidores remotos para terceiros, servidores nos quais qualquer empresa ou pessoa física pode armazenar todos os tipos de dados, de maneira segura e sem a necessidade de manter em uma residência ou empresa qualquer tipo de servidor local.

Atendendo uma demanda crescente por "nuvens", Jeff Bezos investiu pesado na criação e ampliação das operações da Amazon Web Services. Existem centrais de servidores da AWS nos Estados Unidos e em dezenas de outros países, em diversas regiões do mundo, em todos os continentes.

Os *data centers* da AWS são, basicamente, prédios com uma enorme estrutura de segurança para abrigar milhares de servidores. Em média, cada *data center* da AWS abriga de 50.000 a 80.000 servidores. A Amazon Web Services poderia fazer *data centers* maiores, mas como tudo tem a ver com escala, encontrar o tamanho certo para cada uma dessas centrais de armazenamento de dados é parte do segredo do sucesso da empresa. Qualquer negócio que escale o seu tamanho terá redução de custos e essa premissa também se aplica à AWS. Entretanto, alguns custos acabam ficando mais elevados para atender *data centers* muito grandes e, com isso, o tamanho atual tem se mostrado eficiente na relação de custo sobre o retorno do capital investido.

Entretanto, como nada é definitivo e tecnologias evoluem rapidamente, a AWS continua investindo em projetos de arquitetura de servidores para os seus *data centers*, sempre tentando otimizar os resultados, ou seja, atender mais clientes, de maneira mais eficiente, com mais segurança e pelo menor custo possível.

A empresa de *cloud computing* de Jeff Bezos concorre diretamente com gigantes do segmento de tecnologia, especialmente a IBM, o Google e a Microsoft, entretanto, a Amazon Web Services é a líder indiscutível desse mercado que não para de crescer. Logo atrás da AWS, estão o Google, a Microsoft e a IBM, empresas que já atuavam nesse mercado antes da Amazon. Apesar de suas concorrentes terem entrado no mercado de armazenamento de dados muito antes, Jeff Bezos não se intimidou e investiu pesado e de forma certeira, tomando de assalto esse negócio bilionário e vital para as tecnologias do século XXI.

Para entregar um serviço de armazenamento de qualidade para seus clientes, o processamento e a transmissão de dados precisa ser o mais rápido possível. Em uma central com 80.000 servidores, se os chips desses servidores conseguirem ser mais rápidos uma simples fração de nanosegundo, o aumento da velocidade final será importante. Pensando nisso, aos poucos, a AWS passou a utilizar tecnologia própria. No início os servidores eram comprados de terceiros. Depois a AWS passou a produzir seus próprios servidores e, em seguida, passou a produzir chips usando a tecnologia de uma empresa israelense, a Annapurna, que foi adquirida pelo grupo de Jeff Bezos. O chip, chamado Graviton, poderá, em algum tempo, fazer com que a AWS não dependa mais dos chips produzidos pela Intel e possa, ainda, proporcionar aos servidores uma melhor *performance*.

A necessidade da transmissão segura de dados entre os diferentes *data centers* ao redor do mundo e seus clientes é outro fator crítico para a credibilidade da AWS. Os esforços para que a transmissão de dados não seja interrompida, custe o que custar, fez com que AWS instalasse até mesmo cabos submarinos próprios, para garantir o prosseguimento de seus serviços, atendendo seus clientes, sempre, e sem falhas.

Com esse desenvolvimento tecnológico, de uma maneira geral, podemos dizer que a AWS está no caminho de colocar supercomputadores nas mãos de empresas para uso comercial normal. Há alguns anos isso seria impensável.

Nesse negócio de armazenamento de dados, a segurança é o ponto mais crítico. Clientes colocam nas mãos da AWS todos os seus dados mais sigilosos e precisam confiar na capacidade da empresa de Bezos em proteger essas informações com todos os recursos possíveis. Por essa razão, os *data centers* da Amazon Web Services são verdadeiras fortalezas. Todos os esquemas de segurança possíveis são utilizados. Desde cercas altas e eletrificadas, um exército de seguranças armados e um controle rígido de acesso fazem parte desse fortíssimo esquema de segurança.

Também são utilizados sistemas de segurança que não permitem a falta de energia elétrica, que protegem contra incêndios, que mantêm o funcionamento do ar-condicionado sem interrupção e cuidam de muitos outros fatores de risco para a operação, prevenindo cada aspecto para que nada de essencial deixe de funcionar.

Além disso, o armazenamento de dados precisa ser feito de uma maneira em que não possa, de forma alguma, ocorrer perda das informações. Desta forma tudo é armazenado em duplicidade ou mais, com *backups* dos dados salvos em diferentes máquinas nos servidores do próprio *data center* e em outros. Isso se chama segurança por redundância de armazenamento. Todos os fatores críticos para o funcionamento completo, em tempo integral e sem falhas são cobertos com redundância.

Todos os aspectos que envolvem a gigantesca estrutura da AWS são levados em consideração e, sempre que possível, sem precisar de fornecedores externos. Como exemplo, podemos falar sobre o sistema de ar-condicionado e resfriamento. Para minimizar o impacto da geração de energia para o meio ambiente, em alguns *data centers* a AWS utiliza água de reuso. Além de ser politicamente correto, sustentável, ainda é um ótimo marketing para a empresa de Bezos. Em um de seus *data centers* a AWS construiu uma estação completa de tratamento de água da rede municipal, para ter disponível a água de reuso.

Para minimizar ainda mais os problemas de uma eventual falta de energia, mesmo com toda a infraestrutura de geradores potentes, a AWS tem suas próprias subestações de energia elétrica, instalações complexas que, normalmente, são construídas e administradas por companhias públicas ou concessionárias geradoras e distribuidoras de energia elétrica. O intuito de ter suas próprias subestações é não depender da estrutura nem do lento atendimento técnico das companhias de energia.

Existe um verdadeiro exército de técnicos que trabalha 24 horas por dia para manter os servidores dos *data centers* funcionando. Esses técnicos configuram máquinas, monitoram e corrigem erros e, principalmente, não deixam que o sistema "caia" em hipótese alguma. Apesar de toda a tecnologia de automação para controlar até 80.000 servidores em um *data center*, a mão humana é essencial para que tudo continue funcionando corretamente.

A segurança para a entrada de visitantes nos *data centers* fazem presídios e palácios governamentais parecerem casas com portas abertas! Antes de ter permissão para entrar nas instalações da AWS, uma pessoa tem a vida totalmente vasculhada. As visitas são praticamente inexistentes e quando alguém de fora precisa entrar nas instalações é obrigatória uma revista completa, incluindo o uso de detectores de metais. O tempo de visita é restrito e os visitantes, em caso de estadia mais prolongada, passam novamente por revistas, que acontecem normalmente na entrada e na saída das instalações. A segurança é tanta que se uma porta qualquer ficar aberta por alguns instantes a mais do que deveria, um alarme é acionado. Se um servidor estiver sendo acessado de maneira suspeita, automaticamente ele é desligado da rede e o acesso aos *backups* é feito imediatamente, sem perda de qualidade do serviço para o cliente e com total segurança.

Para atestar a segurança das instalações e a integridade dos dados armazenados, auditores externos têm acesso a câmeras, relatórios e dados que são checados várias vezes durante o ano. Os funcionários da AWS são checados, tanto na contratação, quanto no decorrer do tempo em que trabalharem para a empresa. Fazem parte dessa checagem entrevistas, para as quais os funcionários são chamados de forma aleatória, para falarem de seu trabalho, sua vida e serem avaliados quanto ao potencial de vazamento de informações.

Os *data centers* da AWS são, realmente, instalações de segurança máxima, capazes de suportar até mesmo ataques terroristas.

Para não perder a credibilidade e a liderança no mercado de *cloud computing*, a Amazon Web Services não pode se dar ao luxo de falhar. Qualquer falha na segurança poderia implicar em prejuízos na casa dos bilhões de dólares. A segurança cibernética é prioritária, pois imaginem o que aconteceria se um ou mais *hackers* invadissem um *data center* da AWS! A segurança dos servidores da AWS tem que ser comparável ou ainda melhor do que a de servidores de governos, incluindo-se nessa lista o próprio governo dos Estados Unidos, cuja proteção de dados é considerada a melhor do mundo. E exatamente por esta razão, o fato de a Amazon Web Services prestar serviços para o governo americano é uma das melhores propagandas que a empresa de Jeff Bezos poderia ter.

Quando uma empresa decide entrar em algum negócio digital, seja ele um simples website institucional, uma complexa ferramenta de informática ou aplicativo, não é mais necessário investir em servidores, basta "alugar" um espaço na nuvem da AWS e começar imediatamente a trabalhar. E, se for necessário, a qualquer momento é possível alugar mais espaço na nuvem ou reduzir o espaço que estiver sendo utilizado.

O armazenamento virtual de dados da Amazon atende clientes de grande porte como NASA e Netflix, entre outros gigantes que necessitam e dependem do armazenamento de grandes quantidades de dados. Mas a empresa oferece serviços de armazenamento de dados para todos os tipos de necessidades, atendendo demanda de pessoas físicas, empresas de todos os portes e setor público. Os serviços de armazenamento e plataformas que atendem às mais diversas demandas são oferecidos on-line, com pagamento de acordo com o uso e a necessidade do cliente. Os preços são muito competitivos e permitem que a plataforma de *clouding* da AWS seja totalmente acessível a empresas de todos os portes.

A ideia de atender às necessidades de TI de empresas, especialmente as pequenas e médias, é vital para que esses negócios possam inovar, se tornarem mais ágeis e crescer. Não muitos anos atrás, somente empresas de grande porte podiam contar com uma estrutura de armazenamento de dados eficiente e a AWS entrou no mercado para ajudar a mudar essa antiga realidade e conseguiu. O modelo de negócios da Amazon Web Services contempla uma forma de cobrança diferenciada, na qual os clientes pagam apenas pelo que usarem, apesar de terem à sua disposição todos os serviços da AWS.

Os serviços para pequenas e médias empresas se tornaram um grande diferencial para a Amazon Web Services. Jeff Bezos entrou nesse nicho do mercado de *clouding* após avaliar que as grandes empresas do setor não atendiam muito bem esse segmento empresarial. A entrada massiva da Amazon Web Services no mercado, oferecendo *cloud computing* de qualidade e com preço acessível para empresas de pequeno e médio porte fez com que as gigantes do mercado, estabelecidas há anos, revissem suas estratégias no atendimento às empresas de médio e pequeno portes.

Apesar do foco em empresas de pequeno e médio portes, a colossal estrutura da AWS atende gigantes e até concorrentes – empresas como Netflix, Facebook, Twitter, e mesmo o governo dos Estados Unidos.

Como tudo ligado à Bezos e à Amazon costuma ter resultados gigantescos, somente em 2021 a receita total da Amazon Web Services alcançou a impressionante marca de 62 bilhões de dólares.

> A Amazon Web Services é a líder indiscutível desse mercado, tendo como concorrentes IBM, Google e Microsoft, entre outros.

# 12

## Como a Amazon está presente na sua vida

Amazon nasceu como uma loja virtual e hoje é a maior do mundo. Comprar na Amazon já é um hábito que você provavelmente tem há algum tempo, mas o que talvez você não tenha se dado conta é de como as empresas de Jeff Bezos estão ou podem ficar muito mais presentes na sua vida cotidiana.

O grupo Amazon tem como uma de suas maiores propostas fazer com que os lares no mundo todo entrem definitivamente no século XXI ou, como muitas pessoas preferem dizer, transformar lares de hoje em casas do futuro, como são vistas as casas com um alto grau de automação.

A Alexa veio para apresentar o futuro às pessoas. Ela é acionada por comandos de voz, interage perfeitamente por meio de perguntas e respostas, consegue controlar, via wi-fi, diversas funções em uma casa, como acender e apagar luzes, ligar aparelhos de ar-condicionado, tocar músicas que podem ser acessadas da própria Amazon Prime Music, ligar aparelhos de TV e acessar programas, incluindo filmes e séries da Amazon Prime

Video. Mas isso está longe de ser tudo o que a Amazon tem a oferecer para a sua casa.

A segurança patrimonial, infelizmente, é um requisito muito importante em diversas regiões do mundo, incluindo o Brasil, e até mesmo países menos violentos, como é o caso dos Estados Unidos. A subsidiária da Amazon, Ring, fabrica câmeras de segurança, campainhas inteligentes, sensores que detectam invasões, como arrombamento de portas, e ainda disponibiliza um pequeno drone doméstico que vai até o lugar da casa onde pode estar acontecendo uma invasão e registra tudo, para que os criminosos possam ser identificados.

As campainhas produzidas pela Amazon Ring contam com câmera de alta resolução e quando o botão é acionado, o dono da casa recebe o aviso por um aplicativo no celular e pode ver e falar com quem estiver em sua porta. Mesmo que você não esteja em casa, poderá ver quem está à sua porta e decidir se deixa ou não a pessoa entrar, abrindo a porta remotamente, se necessário. Se você estiver em casa, em vez de ouvir uma campainha tradicional, você pode ser avisado pela Alexa que há alguém tocando a campainha!

Ainda na área de segurança, a Amazon desenvolve sistemas de reconhecimento facial com inteligência artificial. Nos Estados Unidos, esses sistemas auxiliam as forças policiais na localização de criminosos no meio de multidões, e o departamento de imigração e as forças armadas também usufruem dos sistemas inteligentes de reconhecimento criados pela Amazon. Ou seja, enquanto você estiver caminhando pelas ruas de cidades americanas e de alguns lugares do mundo, poderá estar sendo observado pelos sistemas de reconhecimento facial da Amazon. Esses sistemas estão se tornando cada vez mais importantes na atualidade, para garantir mais segurança a toda a população. Jeff Bezos já se pronunciou dizendo que vê a Amazon tendo um papel muito importante na segurança nacional dos Estados Unidos. Em uma entrevista, ele declarou que suas empresas vão continuar sempre apoiando os serviços e os deveres para com a nação. E complementou dizendo que se as empresas americanas da área de tecnologia derem as costas para o Departamento de Defesa, os Estados Unidos terão sérios problemas.

Além disso, a Amazon está tentando viabilizar a criação de hábitos que podem ainda parecer "coisas do futuro", como realizar entregas por meio de drones ou de carros autônomos, sem motoristas. Para isso Jeff Bezos comprou uma empresa especialista no assunto, a Zoox, que desenvolve e produz carros autônomos, com sede no estado da Califórnia, nos Estados Unidos. Essa empresa foi adquirida pela Amazon em junho de 2020, por cerca de 1,2 bilhão de dólares.

Também há projetos em andamento em uma subsidiária da Amazon, que está desenvolvendo robôs com inteligência artificial para serem usados em serviços domésticos.

Mesmo em áreas que nem sonharíamos ver a Amazon, Jeff Bezos tem se aventurado. Desde 2018, segundo um documentário da BBC, o grupo Amazon tem intensificado a sua participação no setor imobiliário, comprando e vendendo imóveis em diversas áreas do território norte-americano.

Outras atividades de subsidiárias do grupo também fogem do mundo virtual, ou melhor, algumas empresas de Bezos atuam no "mundo físico", mas com grande ligação com o mundo virtual e sempre fazendo parte do cotidiano de um número crescente de pessoas. É o caso das lojas físicas da Amazon, a Amazon Go, que são pequenos supermercados, onde o autoatendimento foi levado a um patamar nunca antes feito, tudo graças à alta tecnologia.

Nas lojas Amazon Go, não existem filas para pagar nem caixas para pagamento. Quando alguém entra na loja, o sistema de Wi-Fi imediatamente reconhece o cliente pelo aplicativo. Quando um produto é retirado da gôndola, automaticamente ele é acrescentado ao carrinho de compras virtual, e quando o cliente sai da loja, a compra é fechada e o valor debitado do seu cartão. É algo até então impensado mesmo em filmes de ficção científica e muda completamente a forma de se fazer compras em um supermercado! Atualmente a rede de lojas da Amazon Go conta com pouco mais de 40 unidades em funcionamento, em várias localidades dos Estados Unidos e também no Reino Unido.

O vasto grupo de empresas de Jeff Bezos não para de crescer e um dos objetivos da Amazon é criar uma sinergia, uma complementação constante entre os produtos e serviços do grupo, por isso, podemos esperar para os próximos anos um grande aumento da influência da Amazon em nosso cotidiano.

O mundo está mudando e evoluindo a uma velocidade nunca antes vista na história da humanidade. O dia a dia das pessoas hoje está cada vez mais distante do que era há 20, 30 ou 40 anos, e a Amazon e as empresas do grupo de Jeff Bezos estão trabalhando a toda a velocidade para fazer com que a nossa vida seja cada vez mais prática e facilitada pelo uso da tecnologia.

> A Amazon está tentando viabilizar a criação de hábitos que podem parecer 'coisas do futuro', como realizar entregas com drones ou com carros autônomos.

# 13

## O grande investidor

Como a grande maioria dos multimilionários ou, neste caso, multibilionário, Jeff Bezos não administra sozinho seu patrimônio, mas utiliza um tipo de empresa que coordena seus investimentos e até mesmo parte da sua vida pessoal. Esse tipo de empresa é conhecido como *family office* e costuma ser um ponto essencial na vida das pessoas mais ricas.

Como Jeff Bezos é, digamos, "um ponto fora da curva", por se tratar de um empreendedor que se tornou um dos homens mais ricos do mundo, ele fundou a sua própria administradora de bens, a Bezos Expeditions. O nome da empresa ("expedições", em português), define bem o seu propósito de investimentos, pois a aplicação de recursos feita em nome de Bezos, não é concentrada em determinada área, mas tem como objetivo pulverizar o capital em empresas dos mais diversos segmentos, desde o chamado mercado tradicional até empresas de tecnologia de ponta. Os gestores da empresa fazem verdadeiras expedições, procurando e "caçando" boas opções de investimentos para Jeff Bezos.

A Bezos Expeditions, fundada em outubro de 2015, tem sua base em Marcer Island, que fica na área metropolitana da cidade de Seattle, no estado de Washington. Atualmente a empresa administra toda a fortuna de Bezos, que em janeiro de 2022 era de 119,3 bilhões de dólares, segundo a revista *Forbes*.

Uma das principais atribuições da Bezos Expeditions é cuidar dos investimentos de risco de Bezos. O empreendedor tem um foco muito importante de investimentos em *startups*, em diversos estágios de negócios. Ele investe em empresas, desde as que estão começando um negócio promissor e precisam de investidores "anjo", até aquelas que já estão consolidadas no mercado, mas que precisam de investimento para darem o passo seguinte e se tornarem realmente grandes. Também investe em empresas de grande porte, já estabelecidas, mas que, na opinião de Bezos, podem vir a se tornar muito maiores. Seus investimentos contemplam empresas totalmente desconhecidas, bem como empresas de renome, como Airbnb, Uber e Twitter.

Bezos foi um dos primeiros investidores de empresas como a Airbnb e mesmo do Google, onde investiu 250 mil dólares em 1998, bem antes de fundar a Bezos Expeditions.

Desde o final dos anos 1990, Bezos já fazia bons investimentos, aliás, ótimos investimentos, mas, na época, o seu foco era investir na aquisição total ou parcial de empresas que pudessem agregar produtos, serviços e eficiência à Amazon. Foi uma fase de muitas aquisições que ajudaram na consolidação da Amazon como a maior gigante varejista on-line do planeta. Entre as aquisições feitas por Bezos para a Amazon, está o site IMDB, o mais famoso banco de dados do mundo voltado para informações sobre filmes de cinema, TV, atores e streaming, que foi adquirido em 1998.

A Bezos Expeditions também administra recursos destinados à filantropia. Esse fundo ajuda a manter entidades como o Museu de História e Indústria de Seattle (Seattle Museum of History and Industry) e ações como a expedição que recuperou do fundo do oceano Atlântico os primeiros estágios do histórico foguete Saturno 5, que levou a missão Apollo 11 à Lua, em julho de 1969. Essas peças estão hoje em exposição no Museu do Voo de Seattle (Seattle Museum of Flight).

Em 2022, Jeff Bezos fez seu primeiro investimento direto no Brasil, através da Bezos Expeditions. Ele aportou 45 milhões de dólares em uma *fintech* chamada Stark Bank. O investimento de Bezos no Brasil visa irrigar empresas com bom potencial de crescimento, mas que estejam em estágio inicial.

Como já mencionado, além de investir em empresas de tecnologia e de segmentos tradicionais, Bezos também é um grande investidor do setor imobiliário. Uma de suas principais aquisições foi o "Corn Ranch", uma propriedade de mais de 60.000 hectares que fica no estado do Texas, onde Bezos concentra as operações de sua empresa espacial, a Blue Origin. Ele também possui casas em Beverly Hills, a área mais valorizada da região de Los Angeles, na Califórnia, entre muitas outras. O investimento em imóveis não só é uma tradição muito enraizada na cultura do povo norte-americano, mas também costuma ser um bom investimento. E a carteira de imóveis de Bezos, como não poderia ser diferente, é realmente impressionante.

Depois de alcançar fama e uma fortuna inimaginável, Jeff Bezos passou a focar seus esforços em atividades que possam fazer uma grande diferença no mundo. Com isso, seus principais novos investimentos estão focados em empresas consideradas com um grande potencial para mudar o mundo para melhor. Desta forma, atualmente, Bezos tem colocado seus maiores esforços, tanto financeiro como pessoal, na Blue Origin, sua empresa dedicada ao segmento aeroespacial. Assim como seu principal concorrente neste segmento, Elon Musk, dono da Space X, Bezos acredita que a humanidade precisa se "esparramar" pelo Sistema Solar e estabelecer colônias. Ele crê que sua contribuição com a Blue Origin poderá ser vital para essa empreitada.

Além de investir na tecnologia aeroespacial e no caminho para futuras colônias humanas em outros planetas, Jeff Bezos investe em empresas com potencial para ajudar a humanidade a resolver problemas que atingem a todos nós. Para isso, seus investimentos também visam empresas do setor de biotecnologia, como a Grail, uma *startup* que desenvolve técnicas de diagnóstico de câncer, e a Unity Biotechnology, que trabalha em estudos para retardar o envelhecimento, dentre muitas outras empresas da área de saúde e biotecnologia.

Em 2018, por meio de uma parceria da Amazon com o banco JP Morgan e a Berkshire Hathaway, do megainvestidor Warren Buffet, Jeff Bezos participou da criação da Heaven Healthcare, uma organização não governamental (ONG), destinada a tornar viável a redução do custo de medicamentos produzidos em grande escala.

> A Bezos Expeditions administra toda a fortuna de Jeff Bezos que em janeiro de 2022 era de 119,3 bilhões de dólares, segundo a revista *Forbes*.

# 14

## O império de Jeff Bezos

Desde o início do capitalismo moderno, os resultados obtidos por grandes empresários sempre despertaram interesse e movimentaram a economia mundial. Sempre há alguém ocupando o "posto" de homem mais rico do mundo, seguido por outros, também responsáveis por fazer economias funcionarem e crescerem. Jeff Bezos, por ser um empreendedor que começou a ascender no final do século XX e gerou sua riqueza na área de TI, pode ser comparado a outros grandes nomes do presente e do passado recente, como o falecido Steve Jobs, da Apple, Bil Gates, da Microsoft, e Elon Musk, dono da Tesla e da SpaceX, entre outros.

Steve Jobs e Bill Gates foram os precursores, dois grandes pioneiros empreendedores que colocaram os computadores ao alcance de todas as pessoas do planeta. Foram eles que implantaram a alta tecnologia na vida diária da maior parte da população mundial. Suas fortunas chegaram ao topo do "Olimpo" dos bilionários da Revista *Forbes*.

Jobs deixou seu legado em sua empresa, a Apple. Mesmo depois do seu falecimento, em 2011, a Apple seguiu sendo uma das empresas mais valiosas do mundo e a "aura" de inovação tecnológica que Jobs tinha ainda paira sobre a empresa, fazendo com que milhões de "fãs" de Jobs e da Apple sigam acompanhando cada lançamento, mantendo vivo o legado de Jobs.

Bill Gates, apesar de não interferir mais diretamente nos rumos de sua empresa, a Microsoft, continua sendo um dos gigantes da tecnologia mundial. O sistema Windows e os principais aplicativos usados na esmagadora maioria dos computadores em todo o mundo são da Microsoft, e graças aos softwares criados por sua empresa, Gates figurou como o homem mais rico do mundo por muitos anos.

Gates e Jobs tiveram, e ainda têm, um papel muito importante para a grande maioria das pessoas em todo o mundo. Algo que os dois tinham em comum é que ambos criaram seus impérios e os mantiveram, basicamente, por meio de uma empresa. Isso é uma das grandes diferenças visíveis entre eles e Jeff Bezos e Elon Musk, na forma de administrar, criar riquezas e mudar o mundo.

Bezos e Musk são os nomes do momento. Até recentemente, Jeff Bezos era o homem mais rico do mundo, mas teve sua fortuna suplantada pela de Elon Musk (um fato, porém, que pode ser alterado a qualquer momento). Ambos trabalham com empresas ligadas à alta tecnologia e são concorrentes diretos na nova "corrida espacial".

Podemos comparar as atividades principais de Bezos com as de Elon Musk da seguinte maneira: o *core business* de Bezos é o comércio eletrônico, através da Amazon e tem como um negócio de destaque a sua empresa aeroespacial, a Blue Origin. Já Elon Musk tem dois grandes negócios em paralelo, funcionando a todo vapor: sua fábrica de automóveis, Tesla, e a sua empresa aeroespacial, a SpaceX. Além disso, ambos são donos de dezenas de outras empresas, que atuam na verticalização de seus negócios principais e outras que não têm conexão aparente com os demais negócios.

Podemos dizer, em favor de Elon Musk, que ele já conseguiu um nível de sucesso com a SpaceX muito maior do que Bezos atingiu até agora com a sua Blue Origin, e que o crescimento da Tesla está ajudando o mundo a migrar de carros movidos à combustão para carros elétricos. A Tesla é a maior fabricante mundial de carros elétricos e a mais valiosa montadora de automóveis da atualidade.

Enquanto isso, Bezos tem um diferencial muito importante sobre a atuação empresarial de Elon Musk. A Amazon e suas subsidiárias têm um impacto muito mais direto na vida de pessoas no mundo todo do que as empresas de Elon Musk, pelo menos até o momento. O movimento do *e-commerce* da Amazon, do Kindle, da Alexa, e os serviços de *cloud computing* da Amazon Web Services, da Amazon Prime Video, Amazon Music e muitas outras empresas do grupo de Bezos, direta ou indiretamente, já fazem parte da vida de bilhões de pessoas em todo o mundo, tendo um alcance muito maior do que as empresas de Elon Musk.

Lendo este livro até aqui você já teve uma ótima noção de como funciona boa parte das empresas de Jeff Bezos, um gigantesco conglomerado no qual a grande maioria das empresas converge, de uma maneira ou de outra, direta ou indiretamente, para o *e-commerce* da Amazon. São mais de 100 empresas de áreas diferentes, mas com uma base sólida em negócios que, individualmente, ficam na casa dos bilhões de dólares e que em sua somatória movimentam mais de 1 trilhão de dólares ao redor do planeta. Bezos tem um volume de negócios que faz seu conglomerado ter um valor superior ao PIB da grande maioria dos países.

É muito difícil apresentar um quadro detalhado de todas as empresas do grupo, e muitas delas estão entre as apostas de Bezos. Como ele costuma dizer em muitas entrevistas, é preciso correr riscos e errar muito para acertar no final. E ele é um homem que sabe arriscar! Muitas de suas aquisições e de subsidiárias criadas do zero não funcionaram como o esperado, mas o lucro obtido com seus acertos é astronomicamente maior do que o prejuízo causado pelos seus erros.

A Amazon e o império empresarial de Bezos não param de crescer. Mesmo com algumas "derrapadas" no caminho, as empresas de Bezos continuam expandindo e as aquisições também seguem firmes. Muitos se perguntam se o crescimento dos negócios de Bezos terá fim, já que tudo tem um fim. O que poderia fazer com que a Amazon parasse de crescer e o império de Bezos começasse a reduzir? Bom, essa é uma pergunta que ninguém ousa tentar responder e, por enquanto, a realidade do mundo de hoje é que Jeff Bezos está em muitos lugares e dando a entender que estará em todos!

Jeff Bezos comprou empresas de diversas áreas, muitas com conexão clara entre seus negócios e outras não. A seguir, listamos algumas das grandes aquisições que fazem parte dos negócios de Bezos, um caso único na história do mundo moderno:

- Ring – adquirida por 1 bilhão de dólares – empresa de aparelhos para segurança doméstica.
- Jornal *The Washington Post* – adquirido por 250 milhões de dólares – um dos maiores jornais dos Estados Unidos, com influência nacional e mundial.
- Pill Pack – adquirida por 1 bilhão de dólares – farmácia on-line.
- Zoox – adquirida por 1,2 bilhão de dólares – *startup* de sistemas para carros autônomos.
- Zappos – adquirida por pouco mais de 1,2 bilhão de dólares – loja *on-line* de sapatos e roupas – adquirida pela Amazon em 2009.
- Whole Foods – adquirida em 2017 por 14 bilhões de dólares – rede de supermercados de produtos orgânicos. Depois da aquisição, foi integrado à plataforma Prime da Amazon.
- Twitch – Streaming ao vivo para games e competições esportivas.
- IMDB – Internet Movie Data Base – principal site de referência mundial sobre filmes, cinema, séries, TV, atores e atrizes.
- Kiva Systems – atual Amazon Robotics – empresa que fabrica robôs para uso logístico. Sua produção é exclusiva para uso da própria Amazon, na movimentação e administração de estoques.

Essas são algumas das muitas empresas adquiridas por Jeff Bezos e que fazem parte da grande rede que integra todos os seus negócios.

Muitos empresários apostam na diversificação de seus negócios, para não dependerem de um segmento empresarial específico. Seguindo essa linha, muitas vezes eles compram empresas que não possuem nenhuma ligação com seus outros negócios. Não que essa estratégia empresarial seja errada, mas não foi a que Bezos escolheu. Ele adquire ou cria empresas que possam apresentar grande sinergia com outras empresas do grupo. E como, nos dias de hoje, de alguma forma, tudo gira em torno da Internet, Bezos tem conseguido montar uma rede de empresas muito bem conectadas e que são capazes, juntas, de movimentar valores inimagináveis.

> Jeff Bezos adquire ou cria empresas que possam apresentar grande sinergia com outras empresas do grupo.

# 15

## Como Jeff Bezos administra seus negócios

Quando já havia tomado a decisão de largar seu emprego no mercado financeiro e se mudar para Seattle para começar sua empresa ".com", Bezos foi conversar com seu chefe, uma pessoa que ele admirava muito. Bezos anunciou sua saída da empresa e contou que se mudaria para Seattle para montar uma loja que venderia livros na Internet. Seu chefe o levou para caminhar no Central Park, enquanto ouvia suas ideias. No final, disse a ele que achava uma boa ideia, mas que seria uma ideia melhor ainda para alguém que não tivesse uma carreira e um bom emprego como Jeff tinha naquela época.

Segundo Bezos, você pode ter um emprego ou uma carreira ou seguir um "chamado", uma missão. Ele aconselha às pessoas que tiverem a oportunidade de seguir esse "chamado", que o sigam, porque é aí que se encontra o grande negócio de uma vida, o "pote de ouro". Para ele, esse "pote de ouro" se chamava Amazon.

Ele tomou a decisão de seguir o caminho menos seguro, movido por uma paixão, pela vontade de empreender. Em várias entrevistas ele citou que acredita que se não tivesse feito o que fez, provavelmente seria assombrado pela sensação de que poderia ter feito algo maior e não teve coragem de seguir em frente. Jeff decidiu ir atrás do que considerava certo fazer naquele momento e passou a utilizar a teoria que ele chama de "minimização de arrependimentos". Preferiu tentar a se arrepender por não ter seguido seus instintos. Neste caso, foi uma escolha muito sábia!

Mesmo após ter fundado a Amazon e já ter se tornado extremamente rico antes do fim da primeira década deste século, somente durante a década de 2010 Bezos passou a ser reconhecido como um empresário agressivo em seus negócios, e sua respeitabilidade no mercado não parou de crescer.

Até poucos anos atrás, mesmo sendo muito rico, ele não se vestia muito bem, dirigiu um carro mediano e considerado simples para o mercado americano por muito tempo, não ostentava e não atraía muito a atenção da mídia e das pessoas, o que não era muito interessante para seus negócios. Ele tinha uma reputação de ser um chefe dominador e duro e sua aparência física um tanto desleixada acabaram por atrair a atenção de comediantes. No mais famoso programa humorístico da TV norte-americana, o *Saturday Night Live*, ele inspirava paródias feitas por comediantes de renome, como Steve Carell.

Foi por essa razão que Bezos começou a mudar diante do público e da mídia. Passou a se vestir bem, com roupas feitas sob medida, começou a cuidar da saúde e da sua aparência, fazendo dietas e exercícios físicos e passou a gastar mais dinheiro em sua vida pessoal. No final da década de 2010, Bezos já havia conseguido reverter a sua "má reputação".

Voltando ao início de sua carreira profissional e ao próprio começo da Amazon, Jeff Bezos costumava dizer que trabalhava de acordo com sua estratégia de "minimizar arrependimentos". Com isso ele queria dizer que suas decisões precisavam ser seguras o suficiente para que não causassem arrependimentos no futuro. Ele declarou que nunca se arrependera de ter saído de Wall Street, mas que, certamente, se arrependeria de ter perdido as oportunidades dos primeiros anos da Internet.

Quando começou com a Amazon, Bezos procurou sempre traçar seus caminhos com base em informações sólidas e dados. Suas decisões levavam mais em conta o que ele podia analisar em planilhas e menos nas suas intuições.

Uma das suas maiores fixações no início da Amazon era "ficar grande rapidamente". Essa era uma frase que ele repetia como um "mantra" e, certamente, teve um impacto decisivo na sua postura e na de todos os seus funcionários: Bezos queria criar uma empresa que pudesse gerar vendas em uma escala nunca antes vista e em um tempo recorde. Para isso, entre outras medidas, ele procurava reduzir o pagamento de dividendos aos acionistas e reinvestir lucros na empresa, tudo para fazê-la crescer o mais rápido possível, ou melhor, fazer o impossível para que crescesse em um ritmo vertiginoso.

Bezos acredita que é vital haver harmonia entre o trabalho e a vida pessoal, pois são partes da vida totalmente interligadas. Uma "nutre" a outra e ambas se equilibram mutuamente.

Como todo grande empreendedor, Bezos criou suas próprias regras para realizar suas tarefas do dia a dia. Ele não costuma agendar compromissos muito cedo e gosta de reuniões com poucas pessoas. Ele costuma dizer que o número de participantes em uma reunião não deve ser maior do que poderia ser alimentado por duas pizzas. Podemos chamar esta de "a regra das duas pizzas de Bezos"!

Outra peculiaridade de Jeff Bezos é o fato de ele manter, desde o início da Amazon, um endereço de e-mail público – Jeff@amazon.com. Apesar de não responder aos e-mails enviados para esse endereço, eventualmente, ele encaminha alguns desses e-mails para funcionários da empresa, para que possam resolver os problemas citados.

Para que qualquer empresa prospere, a qualidade dos funcionários deve ser a mais elevada possível. Seleção e recrutamento são áreas muito sensíveis em qualquer empresa e Bezos também tem sua forma própria para selecionar funcionários. Em suas entrevistas com candidatos, ele leva em consideração três fatores básicos: se ele admira a pessoa, se o candidato parece ter a capacidade de elevar os padrões da empresa, e se poderá se tornar alguém exemplar sob quais circunstâncias.

Além disso ele leva muito a sério a capacitação acadêmica dos seus candidatos, querendo saber até mesmo a nota que obtiveram no SAT, o exame pré-universitário realizado nos Estados Unidos, assim como o Enem no Brasil. Seu alto grau de exigência para admitir novos funcionários é bem conhecido, assim como a sua forma enérgica, mas justa, de tratar seus colaboradores, independente do nível hierárquico de cada um na empresa.

Segundo Bezos, uma de suas funções como líder da Amazon é encorajar pessoas a serem ousadas e tentarem realizar coisas novas para sair do lugar comum, criando algo realmente diferente. Ele diz que sabe que se seus funcionários tentarem coisas novas, a maioria certamente não vai dar certo, mas alguns poucos sucessos compensam as dezenas de tentativas frustradas.

Ele usa como exemplo sua experiência na própria Amazon. Ele relata que já fez tentativas frustradas na ordem de bilhões de dólares. Aquisições de outras empresas e criação de produtos e serviços que não prosperaram fazem parte dessa lista, mas, ainda segundo Bezos, isso não importa, porque para ele qualquer empresa precisa fazer suas apostas e "abraçar" suas falhas, para que possa colher frutos muito maiores do que suas perdas.

Empresas que não ousam constantemente acabam ficando em uma posição de ter que fazer uma aposta que pode custar a sua própria existência. E Bezos não acredita nesse tipo de aposta, porque trata-se de um movimento desesperado e literalmente a última coisa possível a se fazer. Por essa razão, Jeff Bezos encoraja seus funcionários a ousarem e sempre tentarem novas alternativas.

Uma das funções vitais de Jeff Bezos é prestar contas aos investidores da Amazon e ele executa essa tarefa com precisão e gastando o mínimo tempo possível. Ele gasta apenas algo em torno de seis horas por ano com esse trabalho, ou seja, ele precisa ser extremamente eficiente nessas rápidas, mas importantíssimas, prestações de contas. Para isso, Bezos pede a funcionários de alto escalão para executarem as apresentações necessárias, baseados em explicações rápidas e concisas. Desde 1998, Bezos envia uma carta aberta aos acionistas da Amazon. Nessas cartas, que são verdadeiras aulas de gestão e empreendedorismo, ele costuma abordar cinco princípios básicos que norteiam sua administração:

- Foco nos clientes e não nos concorrentes;
- Assumir riscos para garantir a liderança no mercado;
- Manter a motivação de sua equipe;
- Criar e manter uma cultura empresarial;
- Capacitar e treinar pessoas.

Todas as pessoas têm suas formas peculiares e, muitas vezes, únicas para tomadas de decisões importantes, especialmente aquelas que envolvem riscos maiores. Quando teve que tomar a decisão de sair de um bom emprego para montar uma empresa, Bezos certamente pensou se poderia se arrepender mais por não tentar do que por tentar.

Ele sabia que estava no caminho de uma carreira sólida, mas que, obviamente, teria limites para seu crescimento, enquanto a sua empreitada com a Amazon poderia levá-lo a patamares muito mais elevados. Ele chegou à conclusão de que se não tentasse nunca saberia se conseguiria ou não. Isso fez com que ele passasse a utilizar este mesmo conceito para outras decisões, um conceito que Jeff Bezos chama de "minimização de arrependimentos".

Sua forma de administrar empresas e pessoas, comprovadamente, levou seus negócios e, em especial, a Amazon, a um enorme sucesso. Bezos cita, entre outros, o megainvestidor Warren Buffet e Bob Iger, da Disney, como suas maiores influências no que diz respeito à liderança e ao empreendedorismo. Bezos pode ser duro com seus funcionários em algumas situações, mas acredita na meritocracia e valoriza muito o desempenho e os resultados da sua equipe.

Bezos acredita menos nos "dons" das pessoas do que no trabalho árduo e dedicado. Ele diz que pessoas podem ter "dons" para certas coisas, como ter facilidade em matemática ou outra área do conhecimento. Mas o importante é que, com ou sem qualquer tipo de "dom", a pessoa se esforce muito e chegue mais longe, não por ser dotada de algum talento, mas pelo seu esforço e trabalho duro. É isso que ele espera de seus funcionários e esse conceito é algo que faz parte da forma com a qual Bezos administra os recursos humanos de suas empresas.

Para alcançar objetivos ousados e grandiosos, é preciso ter um vasto conhecimento na área ou próximo da área na qual se pretende empreender. E Jeff Bezos acredita que ele, assim como qualquer outro empreendedor, precisa ter "mente de inventor". Isso quer dizer que ele acredita na necessidade de ser um *expert* em uma ou mais áreas para alcançar grandes resultados.

Por outro lado, ser um especialista em algo costuma "engessar" a mente das pessoas. Por essa razão, ele diz que é preciso ter grande conhecimento em uma ou mais áreas, mas também manter a mente aberta, como a de um iniciante, para absorver novos conhecimentos, novos conceitos, mesmo que esses possam ser conflitantes com os que já estavam estabelecidos. Segundo Bezos, todos nós temos que tomar uma decisão e dizer a nós mesmos: "Vou ser um *expert*, mas vou manter a mente de um iniciante".

Na gestão de seus negócios, Bezos é enfático em dizer que tudo precisa ser feito no momento certo, um passo de cada vez. Tudo leva tempo para acontecer e não há atalhos. Mas cada passo deve ser dado com paixão e vontade. É muito fácil ter ideias, mas é muito difícil transformar ideias em produtos de sucesso. Há muitos passos que precisam ser dados entre a ideia e o sucesso, e para isso é necessário que se tenha persistência.

Jeff Bezos costuma dizer que para se alcançar o sucesso, um dos requisitos é ter um pouco de teimosia aliada à flexibilidade, e saber o momento certo para cada uma dessas posturas. É preciso ser teimoso na sua visão e nos seus objetivos, porque, do contrário, acaba sendo muito fácil desistir. Mas é necessário ser muito flexível no que diz respeito aos detalhes, porque enquanto você segue em direção aos seus objetivos e à sua visão, você acaba descobrindo que muitos dos seus conceitos estavam errados e é preciso fazer algumas correções de rota, mudar algumas coisas.

Todos esses conceitos, aliados a muitos outros, são os adotados por Jeff Bezos para alcançar o sucesso nos negócios. Muitos deles vão de encontro aos de outros grandes empreendedores de sucesso, mas a maioria faz parte de uma visão própria de Bezos. Para os empreendedores e qualquer pessoa que queira aprender os "segredos" de negócios de grandes nomes do empreendedorismo, é importante analisar esses conceitos e saber discernir quais se aplicam diretamente à realidade de seus negócios ou de suas pretensões profissionais.

Em suas palestras e entrevistas, Jeff Bezos recomenda, tanto para o sucesso nos negócios quanto para a vida pessoal, que se viva com uma visão de longo prazo. Ter uma visão de longo prazo, segundo Bezos, não quer dizer que não se deva levar em consideração o presente, pelo contrário, ele acredita em viver o agora, mas também acredita na importância de manter bem claro na mente o que precisa ser feito com o grande montante de tempo que temos à frente. É preciso planejar corretamente para que o futuro possa nos deixar bem e satisfeitos. Ele ressalta que essa é a visão dele e que para ele tem funcionado muito bem, mas também acredita que cada um deva procurar sua forma particular de fazer do presente e do futuro ótimos lugares para se estar.

Jeff Bezos é um dos maiores empreendedores de todos os tempos, comparável a grandes nomes da história recente, como Elon Musk, Bill Gates e Steve Jobs, mas também com nomes que transformaram o mundo, como o visionário Thomas Edison. Aprender lições de vida e de negócios com Jeff Bezos pode ser um ponto de virada na vida de muitas pessoas.

> Segundo Bezos, uma de suas funções como líder é encorajar pessoas a serem ousadas e tentarem realizar coisas novas para sair do lugar comum, criando algo realmente diferente.

# Bibliografia e referências

*The Bezos Letters: 14 Principles to Grow Your Business Like Amazon*, Steve Anderson e Karen Anderson, John Murray Learning, Estados Unidos, 2021, ISBN 978-1529384796

*The Everything Store: Jeff Bezos and the Age of Amazon*, Brad Stone, Back Bay Books, Estados Unidos, 2014, ISBN 978-0316219280

*Amazon Unbound: Jeff Bezos and the Invention of a Global Empire*, Brad Stone, Simon & Schuster, Estados Unidos, 2021, ISBN, 978-1982132613

*Invent and Wander: The Collected Writings of Jeff Bezos*, Jeff Bezos, Harvard Business Review Press, Estados Unidos, 2020, ISBN 978-1647820718

**Tech Vision**
Inside Amazon's Massive Data Center
https://www.youtube.com/watch?v=q6WlzHLxNKI

**Yahoo Finanças**
https://br.financas.yahoo.com noticias/o-que-jeff-bezos-fazia-antes-de-fundar-a-amazon-080026627.html?guccounter=1&guce_referrer=aHR0cHM6Ly93d3cuZ29vZ2xlLmNvbS8&guce_referrer_sig=AQAAAC41ir4AL8g9YaT_9biDvkYswLGbP0Uhh2DGlwkxqloPpk042b03pjB02Ch7sKuYPsiM87ESfeNHIfArbZfGsWUA4kwqjFefE0N5X7Hg8I83K3UaxX27WuGUG2Jj8cVWHiJGM60mGqM_ZJsqoqgpvHmjrDNako87Bp_ePpyeqCtc

**Expert XP**
https://conteudos.xpi.com.br/aprenda-a-investir/relatorios/jeff-bezos/?gclid=CjwKCAiAh9qdBhAOEiwAvxIok4Od JlqiJcCu_Llqa4NcGBipOW7FpqGy9xdYcO8KPpQcR-K9qS_IOxoC6bUQAvD_BwE

**Infomoney**
https://www.infomoney.com.br/perfil/jeff-bezos/#:~:text=Sua%20 m%C3%A3e%20Jacklyn%20Jorgensen%20tinha,mais%20contato%20 com%20o%20pai.